品牌简史

舒斌——著

台海出版社

图书在版编目（CIP）数据

品牌简史 / 舒斌著. -- 北京 : 台海出版社，2025.

3. -- ISBN 978-7-5168-4141-9

Ⅰ. F279.23-092

中国国家版本馆 CIP 数据核字第 2025SB2220 号

品牌简史

著　　者：舒　斌

责任编辑：王　艳　　　　　　　　　　封面设计：闽江文化

出版发行：台海出版社

地　　址：北京市东城区景山东街 20 号　　邮政编码：100009

电　　话：010-64041652（发行，邮购）

传　　真：010-84045799（总编室）

网　　址：www.taimeng.org.cn/thcbs/default.htm

E - m a i l：thcbs@126.com

经　　销：全国各地新华书店

印　　刷：香河县宏润印刷有限公司

本书如有破损、缺页、装订错误，请与本社联系调换

开　　本：710 毫米 × 1000 毫米　　　　1/16

字　　数：120 千字　　　　　　　　　　印　　张：12

版　　次：2025 年 3 月第 1 版　　　　　印　　次：2025 年 7 月第 1 次印刷

书　　号：ISBN 978-7-5168-4141-9

定　　价：68.00 元

在竞争激烈的微利时代，很多企业都感受到了生存和发展的危机。为什么稻香春、六必居、同仁堂、全聚德等中华老字号能够屹立不倒？关键就在于其品牌的力量！

品牌不是一个突然出现的概念，而是经历了长久的发展。从历史的眼光来看，品牌的诞生既带有一定的偶然性，也有其必然性。

品牌的英文"Brand"，原义就是"烙在牛马身上的烙印"，以证明主人对牲口的所有权。在1865年之前"Brand"只是用来指代烙印，没有品牌的含义。今天，品牌成了一种识别标志、一种精神象征和价值理念。

品牌是企业或品牌主体（包括城市、个人等）无形资产的总和，是主体与客体、主体与社会、企业与消费者相互作用的产物。培育和创造品牌的过程也是一个不断创新的过程，只有具备不断创新的能力，才能在激烈的市场竞争中立于不败之地，才能巩固原有的品牌资产，多层次、多角度、多领域地参与竞争，才能利用品牌的市场开拓力，不断发展资本内蓄力。从这个意义上来说，品牌就是企业的一种无形资源。

品牌价值虽然不能像物质资产那样用实物的形式表述，却能使企业的无形资产迅速增长。品牌以质量取胜，其文化和情感内涵能够为产品增加附加值。同时，品牌价值包括了目标群体对该品牌的信任度、追随度，这能给企业带来更大的收益。

如今，品牌已作为无形资产被人们所认可。但品牌并非独立的实体，它需要通过如文字、图案和符号等直接载体，产品质量、产品服务、知名度、美誉度、市场占有率等无形载体来呈现。离开了这些载体，品牌就无法表现，也就无法实现品牌的整体传播。

品牌的意义和作用不可轻视，而了解品牌历史的意义和作用也不仅仅是对过去的总结，更为了启迪当下与未来。

我国的品牌创造虽然起步较晚，但依然呈现出了猛烈的发展势头。了解品牌发展的历史，厘清品牌行走的脉络，就能窥到知名品牌成功的秘诀。因此，企业要想获得发展，要想打造优质品牌，就要认真解读品牌发展之路，努力吸取其中的经验教训，以求得更好更大的发展！

第十三章　中国品牌走向世界

第一章
先秦：品牌的萌芽阶段

商业兴起，品牌出现萌芽

先秦时期，指秦代以前的历史时期，自远古至公元前221年秦始皇统一六国。该时期，已有广告出现，但由于战争频发，社会经济发展缓慢，广告与商业经济基本处于停滞状态。直到唐宋时期，这种局面才得到了显著改善。

早在商周时期就出现了很多以不同的特产闻名的大都市，如宛、殷等。有的盛产铁器，有的盛产织物，有的盛产粮食，这些城市汇集了大量的商人，各地百姓纷纷慕名而来，相中的就是名城的"品牌"。

这些产品最终都被用于交换，其中就隐藏着早期商标和品牌的萌芽。

先秦时期，商人和手艺人已经有了最初的品牌意识。《国语·晋语》中言："公食贡，大夫食邑，士食田，庶人食力，工商食官，皂隶食职……"这里的"工商食官"是商周政府管理工商业者并进行垄断性经营的制度。

《周礼·地官·司市》有言："大市，日昃而市，百族为主；朝市，朝时而市，商贾为主；夕市，夕时而市，贩夫贩妇为主。"可知，贵族、商贾与贩夫贩妇会在一天之中的不同时段分别进行交易，商业兴隆的景象由此可见一斑。《礼记·月令》中有："易关市，来商旅，纳货贿，以便民事。四方来集，远乡皆至，则财不匮，上无乏用，百事乃遂。"这段记载展现了在收获季节，地区间如火如荼的贸易往来景象。

到了春秋时期，随着铁制工具的使用，生产力得到极大提高，手工业也迅速发展起来，这大大促进了商业的发展，而商业活动又刺激了商人的成长，甚至出现了富甲一方的大商人。

战国时期，商人的社会地位很低。当时，经常发生战事，各国之间的联系不紧密，交通也不发达，做生意如同探险，商人只能在重重危机中求生存、谋利益。

虽然该时期各诸侯国间战争频发，但依然有一批人靠做生意养家，有些人甚至还发了大财，成为腰缠万贯的大商人，如范蠡、白圭等，他们在当时影响力巨大，甚至影响了一个国家的命运。这时候，出现了士、农、工、商行业的划分，大家在路上遇到，瞅一眼对方身上的衣服，就能基本判断其从事哪种行业。

春秋战国时期，商业作为一门独立的职业从生产劳动中分离出来。为了明确自己的身份，宣传自己的产品，有固定营业场所的商人就会使用招牌和幌子来招揽顾客。

关于这一点，史料中有很多佐证。

战国末年《韩非子·外储说右上》记载："宋人有酤酒者，升概甚平，遇客甚谨，为酒甚美，悬帜甚高，然贮而不售，酒酸。"

河南登封告成镇发掘出土的陶器，大约形成于春秋战国时期，陶器上刻有字迹"阳城"，这是我国品牌的雏形，说明当时的品牌已经摆脱了叫卖吆喝和口耳相传的模式。

品牌宣传的载体

先秦时期，最典型的品牌宣传媒介是都市中的牌幌、招牌和印章。

◎ 牌幌

牌幌是招牌和幌子的复合式泛称，是行业和店铺的经营标志，是一种标有文字和图画的广告牌。这一时期，无论是行商还是坐商，商家都会使用牌幌，尤其是手工作坊、商业店铺十分重视牌幌的作用。

幌子，也叫望子，是旧时店铺的重要标识，也是先秦时期应用范围极广的一种广告形式。当时，老百姓一般都不识字，为了便于识别，商家就会使用象形的幌子做广告，幌子自然也就成了店铺招揽顾客的重要手段。

幌子的起源年代，如今已经无从查考，据说其来历主要与北方地区的气候有关。北方地区一到冬天就特别寒冷，古代的店铺既没有陈列窗，门窗上也没有玻璃，为了抵御寒风的侵袭，商家只能将窗户关紧，有些商家甚至还要挡上一条棉布帘，顾客在外面根本不知道店内主要经营售卖商品。为了吸引顾客，商家就会在门前悬挂起幌子，表明经营的内容。

春秋战国时期的宋国，有个卖酒的店铺老板为了吸引顾客，想了很多办法，最后从统兵作战的将帅身上汲取灵感，制作了一面旗子，高高地悬挂在店铺门头。外乡人来到此地，远远就能看到这面旗子，就来这里落脚休息。这个店铺一时间人来人往，热闹不已。

幌子，是可悬挂的实物，其主要形式有实物幌、标志幌、形象幌和文字幌等，如表 1-1 所示。

表1-1　幌子的种类及其说明

种类	说明
实物幌	最早出现的幌子，商家是将实物直接展示在顾客面前，也就是我们所说的实物类幌子。这类幌子取材方便、简单易行、成本很低，但并不适用于易碎、易腐烂、不易保存的商品，比如：酒、油、饮料等液体商品，肉类、熟食等食品。当然，为了让样式看起来更美观，商家还可以对其进行修饰。例如：销售麻线和麻布的店铺，可以在门头挂一束长麻丝；销售鞋子的铺子，会在门头悬挂一双鞋；而草帽店，则会悬挂一顶草帽。成书于战国时期的《韩非子》中记载了"自相矛盾"的典故：楚人有鬻盾与矛者，誉之曰："吾盾之坚，物莫能陷也。"又誉其矛曰："吾矛之利，于物无不陷也。"这就是古代实物类幌子记载之一。
标志幌	标志幌通常都是拿一种约定俗成的物品来代表某个行业，例如，销售服装的店铺会在门前悬挂一款服装，理发店则会在门前悬挂一块白布帘等。这种幌子一般体积很大，容易引起人们的注意，并且可以长时间使用，不用反复替换。
形象幌	形象幌是一种将商品形象化、隐喻化的招幌类型。例如：药酒葫芦幌，就是在红色的酒葫芦模型幌体上、下分别镂刻上象征籽实的小方孔，葫芦腰部扎上象征草药的绿色饰带，底部点缀上红幌绸；典当行悬挂的钞桶，是钱串模型的变形，寓意"行业的经营活动主要以金钱流通为主，可以以物抵钱"。
文字幌	文字幌是指在布帘、帷幔或实物、模型上书写上特定的文字。不同行业会在幌子上书写不同的文字作为行业标识，可以分为单一式文字幌子和复合式文字幌子。前者的形式多数比较简单，只要直接在牌、布、纸上书写经营内容即可，比如：旧时酒铺写"酒"字、茶庄写"茶"字。而后者则是以幌子的形制、色彩的标识性为主，文字为辅。

◎ 招牌

随着经济的发展，商品交易的市场竞争变大，各摊位演变成了商铺，商铺的招牌名称和记号是独有的，商铺的门面招牌有横招、竖招、墙招等。招牌上可题字，也可以以商品实物图画出商品特征，使店内经营的商品情况一目了然。

招牌，就是悬挂在店铺上的木匾。样式有很多，有横着的、竖着的、挂板的；板子上有的写着字，有的画着画。概括起来，招牌一共有三种形式。

其一，横放在门头的牌匾，通常会在上面标上字号。

其二，立在店铺柜台上的竖式招牌，为了更加醒目，通常会结合行业特征，使用一些高雅的、有宣传效果的词句。

其三，耸立在店铺门外的招牌。其一般都被挂在高处，在很远的地方就能看到，大大提高了传播效果，比如浔酒招牌（如图1–1所示）。

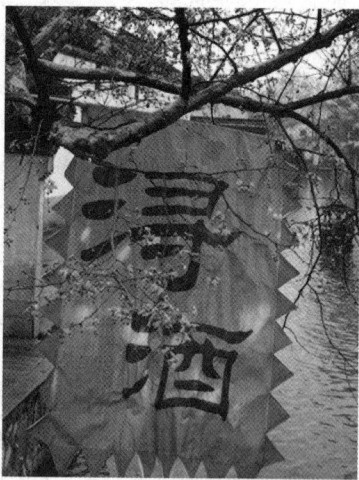

图1–1 "浔酒"招牌

从众多出土文物中，我们能看到先秦时期的各种招牌。

（1）在西周墓葬出土的文物中，出现了一些标志封建领主产品和官工的印记。例如，在山东寿光市出土的西周"乙侯"钟上，用铭文刻着"乙侯作宝钟"；在"良季鼎"上，用铭文刻有"良季作宝鼎"等字样。

（2）出现在春秋战国时期的招牌。河南登封告成镇发掘出土的春秋战国时期的陶器，上面刻有字迹"阳城"。

◎印章

对于印章究竟源于何时，至今还没有定论，有人认为源于氏族社会晚期，有人认为源于商代……不过，可以肯定的是，古玺在战国时期已经普遍使用。

古时的印章，基本上都是用铸造工艺制作而成的。制作过程与青铜器的工序基本一样，要经过模刻、制模、浇铸等。从已发掘的实物看，当时的印信很小，有白文印和朱文印；文字体系比较复杂，特别是战国时期，玺印上还出现了很多六国文字，自然生动，富于变化，布局灵活，无拘无束，字画互相穿插，活泼而古朴。

古代，人们封存物体或递送物件时，都会用绳子扎住，但这样做很容易被别人拆开，为了防止这种现象的发生，有些人就在绳结上封一泥块，把印章盖在泥块上。这种封物的泥块，名叫"封泥"。最初被使用在财物的封存上，后来递送文书也开始使用玺印封口。这也是古代印章的主要用途。

此外，古代印章还可用于手工业者在所制造器物上的记名，也就是

《礼记·月令》中所谓的"物勒工名"。在山东、河北等地出土的战国时代的陶器钤中，有很多这种玺文。陈介祺《簠斋藏陶》、刘鹗《铁云藏陶》等书中所著录的，多数都是战国遗物（如图1-2、图1-3所示）。同时期的漆器上，也发现过这类印痕，比如长沙出土的漆羽觞，底外木胎上就印着方形、三角形相叠的烙印，记录了制胎工人的名姓（如图1-4所示）。

图1-2 战国遗物　　图1-3 战国遗物　　图1-4 长沙出土的漆器烙印

品牌营销

先秦时期，为了将商品销售出去，人们会使用这样一些方法：吆喝叫卖、声响营销、炒作营销、名人促销和削价促销等。

◎吆喝叫卖

"吆喝"，是先秦时期商家最普遍使用的一种叫卖手段。

随着货币的产生，人们不再用物品换取物品，而是换取货币。商家销售商品时，通过吆喝来吸引买主，口头广告随之而生。

◎声响营销

战国时期屈原曾在《天问》中写道："师望在肆，昌何识？鼓刀扬声，后何喜？"由此可知，姜子牙在街铺上卖肉时，会故意把刀剁得当当响，并高声吆喝，吸引路人的注意。其实，这就是典型的声响广告。

此外，当时还出现了敲竹梆、摇拨浪鼓、击音叉等形式的声响广告（如图1-5所示）。后来，有些商贩把声响与叫卖结合起来，创造了吹打乐器、吟唱歌谣和曲调等形式，极大地提高了销售的艺术性和诱导性。

图1-5　皮鼓

◎炒作营销

很多人都知道"姜太公钓鱼，愿者上钩"的故事：

商朝时期，西岐姬昌为了讨伐纣王，到处招兵买马，当时80岁的姜子牙有意出山，但苦于没有强大的背景，最后决定毛遂自荐。

姜子牙拿着一根鱼竿来到了渭水边。不过，他钓鱼的方式很特别，钓竿很短，钓线离水面三尺，钓钩是直的，且不放鱼饵。听说一个老头在这里以这种形式钓鱼，许多人前来围观，于是一传十、十传百，这件事很快就传到了姬昌耳中。

不久之后，姬昌找到了姜子牙，一番畅谈之后，姬昌发现姜子牙思维敏锐、见解独特，具有治世之才，于是请他当了军师。

当时的姜子牙就明白自我推销的精髓，并运用得炉火纯青。此外，还有一则关于图书营销的故事，即吕不韦策划的"一字千金"。

吕不韦是战国末期卫国濮阳（今河南濮阳西南）人，擅长经商，积累了大量财富，后来当了秦国的相国。但吕不韦之所以能被后人记住，其中一个原因是《吕氏春秋》。《吕氏春秋》又叫《吕览》，是先秦时期的一部百科全书式的作品，由吕不韦组织门客一起编纂。

在吕不韦门下，大约有三千食客，人才辈出，共同编纂《吕氏春秋》。但这本书编纂好后，当时的文化圈并不认可，为了吸引人们关注，吕不韦就运用自己的商业才能，进行炒作。具体方法如下：他安排下人将书的内容张榜公布出去，贴在咸阳城门口，旁边还挂着布告，大意是，只要有人能为《吕氏春秋》的内容增加一字或减少一字，就奖赏千金。成语"一字千金"便由此而来。

"一字千金"的消息在咸阳城很快传播开来，众人纷至沓来，此书引起了很大的轰动。

◎名人促销

春秋战国时期，已经出现了名人广告，著名的"伯乐相马"就是一个典型事例。

伯乐，姓孙名阳，是春秋国时期郜国人，后来主要为秦国效力。他很善于相马，能够识别马的优劣，人们都叫他"伯乐"，其事迹在《战国策》《淮南子》等古籍里都有记述。

在《战国策·燕策》中，有个著名的"苏代为燕说齐"。苏代是著名纵横家苏秦的族弟，为燕国去游说齐国，在没见到齐威王之前，先给淳于髡讲述了"伯乐相马"的故事，大意如下：

人有卖骏马者，比三旦立市，人莫之知。往见伯乐曰："臣有骏马，欲卖之，比三旦立于市，人莫与言。愿子还而视之，去而顾之，臣请献一朝之贾。"伯乐乃还而视之，去而顾之，一旦而马价十倍。

翻译成白话文就是：

有一个人打算卖掉自己的骏马，接连三天都待在集市里，却无人问津。这个人很着急，就去见伯乐，直接告诉他自己的困惑："我想将自己的骏马卖掉，可是在集市守了三天，也没人来问。拜托先生绕着我的马看一下，离开时再回头看一下，如果您能去做，我愿意奉送您一天的价钱。"伯乐答应了，来到集市，围绕着马转了几圈，离开时还回头看了一眼，结果马匹被成功售出，价格还暴涨了十倍。

不可否认，卖马人很有商业头脑，十分了解"名人效应"，只花费了一天的劳务费，就请到了当时的相马专家伯乐，成功将马售出。

◎ *削价促销*

削价又叫降价，其实就是今天我们所说的打折，商家薄利多销，吸引人们来消费。

品牌代表

★ "商家鼻祖"范蠡

先秦时期，最有名的商人是"陶朱公"范蠡。

范蠡是春秋末期人，曾在越王勾践灭吴的过程中立下了赫赫战功，后弃政从商。

在范蠡的一生中，为了躲避名利，他曾三次搬家，名利反倒一直跟随他，他的辩证思想值得今天的企业家学习。司马迁在《史记》中曾经称赞范蠡："范蠡三徙，成名于天下。"范蠡在一生中，两次官至极品，三次富过千金，他拿出钱财救济老百姓，不久后又能收获千金。

从政时，范蠡奉献了作为人臣的忠义，为商时，又保留了一个商人的良心，是一个心怀宏略、悲悯天下的智者。

范蠡的经商思想主要体现在四个方面。

（1）预测行情，发现先机。春秋末期，自由经营的商人变多，范蠡带领自己的团队独立经营、自负盈亏，虽然市场形势复杂多变，但他一直都能从中获利。原因就在于他重视市场行情的变化，会认真思考商品的供求关系和价格的变化，然后采取对策；他善于预测行情、敏于掌握先机，取得了极大的成功。

（2）贵贱复反，贱买贵卖。范蠡认为，商品价格时贱时贵是有一定的规律的，只要满足一定的条件，就会向相反的方向转化。他认为，"论其有余不足，则知贵贱"，也就是说，市场上一旦某种商品价格上涨，就会刺激人们生产出更多的商品，如果生产太多，卖不出去，价格就会下跌，反之亦然。他认为，商品价格的贵贱与商品的"有余"和"不足"有着密切的关系，当商品价格很高时，就要赶快将商品卖出去，从贱买贵卖的经营策略中获利。

（3）完物上种（"完物"指完好的物品，"上种"指高品质。泛指商品具有价值和使用价值），质高货真。商品具有使用价值和价值的二重性，商品的质量是指商品效用的好坏，即使用价值的高低。效用好，使用价值高，质量就好；反之，就是次品。商品的质量不仅关系着生产者、商人的信誉和市场竞争力，还关系到消费者的切身利益。私营个体手工业者大量兴起后，范蠡引用计然之策，提出"务完物"（务求完美无缺的高质量商品）的口号，要求质高货真；他提倡贮藏商品要完好，为了维护消费者的利益，他还提出"易腐败而食之货勿留"（不要储存容易腐烂变质的食品）。

（4）协同合作。当时，范蠡主要从事农耕养殖和土产贸易，还经营季节性特产的长途贩运。要想在长途贩运中获利，就要寻找合作者，赚取两地贸易的差价。可是，两地之间相隔数千里，且战争不断，物流成本高昂，为了降低运送风险，范蠡开始关注商人姜子盾。姜子盾做的是麻布贩卖生意，主要给吴越等地送货，跟南北路上的势力都建立了不错的合作关系。之后，范蠡组建了一支马队，宣称免费向吴越等地运送货物，姜子盾听说后主动找到范蠡，要求合作运输麻布，最终范蠡的货物和马匹安全到达吴越，范蠡赚了一大笔钱。

范蠡的"物以稀为贵，囤积货物，垄断居奇，把握时机，聚散适宜"等经商原则一直延续至今。这几句话，就把整个商业规则揭示了出来，这正是他的伟大之处，值得每一个打造品牌的人或企业学习。

先秦时期，多数商人都在思考两个问题：一个是商机在哪里，利润在哪里；另一个是如何舒服地花掉赚来的钱。而范蠡已经远远超越了这个层次，三次赚钱，三次仗义疏财，得到了乡邻的认可。

范蠡为后人做出了表率，给我们留下了一笔宝贵的精神财富，主要体现在：长期坚持，从不言弃；不恋钱权，该放手时就放手，拥有人生大智慧；高瞻远瞩，视野开阔；踏实稳健，埋头苦干；与人为善，正道而行，诚信经营；关注民生，回报社会。

★ "商圣"白圭

白圭是战国时期中原人，长期从事商业活动，有着丰富的经商经验，确立了自己的致富理论，是先秦时期著名的商贾。《汉书》中提到，他是经营贸易发展生产的理论鼻祖，也是一位著名的经济谋略家和理财家。

白圭出现的时期比范蠡要晚一些，但为什么后人会尊称他为"商圣"？这主要跟他的经商之道有关。司马迁在《史记·货殖列传》中说："天下言治生祖白圭。"意思是，天下所有经营工商业的人，都奉白圭为祖师。

年轻时，白圭拜鬼谷子为师。一次机缘巧合，鬼谷子得到一册金书，里面写满了致富的计策。鬼谷子收白圭为弟子后，便将这册金书传给了他。该书的核心内容是"将欲取之必先予之，世无可抵则深隐以待时"，白圭如饥似渴地阅读着金书的内容，之后创立了自己的经商理论——"人弃我取，人取我与"和"知进知守"。靠着这一理论，白圭赚到了巨额财富。

白圭出师后，先任魏国国相，从事水利工程、堤坝的修筑，展示了他的治水才能，解除了魏都城大梁的黄河水患。魏惠王后期，朝廷日益腐败，白圭意识到魏国即将灭亡，便毅然离开，一边到中山国和齐国等地游历，一边从商。

白圭的经营之道虽然参考了那册金书，但多数还是从自己的经历和知识中总结出来的。更可贵的是，他还学习了《孙子兵法》，并结合自己的经验，创出了不同于兵书的经商之道。最终积累了巨额财富，并闻名天下。

有一段时间，当地很多富商都听说棉花要降价，便急着出售手中的棉花，有些人甚至为了尽快售出，把价格压得很低。白圭认为这些人的做法并不聪明，便吩咐伙计收购了很多棉花，甚至为了存放这些棉花，还花钱租了个场地。

卖完棉花的富商打听到皮毛很紧缺，于是纷纷抢购皮毛。白圭的商库里存着很多皮毛，商人都来他这里购买，白圭小赚了一笔。后来，天气发生变化，阴雨连绵，棉花的收成比往年少了很多。于是，商人们纷纷开始抢购棉花。白圭手里的棉花很快又脱销了，他大赚了一笔。

白圭反对在粮食紧缺时哄抬物价，他认为，这种做法丧失了人性，涨价会让众多灾民饿死。他认为，薄利多销才是商人的长久经商之道，只注重眼下的利益，早晚都会家道中落。

白圭的经商之道就是四个字，即"诚信为本"，然后与"智""勇""仁""强"并施。他总能提前预测到市场行情，然后采取行动。只要决定了要什么，白圭就会雷厉风行地去做，绝不拖泥带水。

白圭对市场异常敏感，他认真观察行情和年成变化，奉行"人弃我取，人取我与"的经营方法，主要从事粮食、蚕丝等农副产品的买卖。当时，富商大贾都不屑于此，他们主要从事贵重商品和资源性商品的交易。白圭做了别人不愿做的生意，就是典型的"人弃我取"。

白圭的商业行为主要取决于观察收成，他的经营思路可以概括为两句话，即"夫岁孰取谷，予之丝漆；茧出取帛絮，予之食"（出自《史记·货殖列传》）。也就是说，秋天粮食丰收，大量上市时，价格比较低，白圭会大量买进；同时，将农民、手工业者需要的蚕丝、漆等卖出去。到了春天，春蚕大量上市，蚕丝价格比较低，白圭就大量收购绢帛绵絮；同时，将年前购得的粮食卖出去。这就是"人取我予"。

在经营中，白圭还遵循"薄利多销"的原则。他认为"欲长钱，取下谷"。下等谷物售价低，百姓一般都会选择购买价廉的商品，如果销量大，利润也会很丰厚。

白圭虽然凭借经商赚得大量财富，但生活俭朴，能够放下身份，与底层人民融洽地相处，深受百姓的欢迎；他做事不喜欢跟风，即使生意亏了，也会积累经验，以求下次的成功。

★ "儒商鼻祖"子贡

《史记·货殖列传》中记载的经商十七个人中，子贡列在第二，紧随范蠡之后。在《史记·仲尼弟子列传》里，关于子贡的传记耗费笔墨最多、篇幅最长。可见，司马迁确实非常认可他。

子贡（前520—前456年），春秋时卫国人，复姓端木，名赐，字子贡。子贡口才了得，具有宏才大略，通达事理，担任过鲁、卫两国的相。他熟悉经商的门道，曾在曹、鲁两国经商，最终赢得丰厚的利润，是孔门弟子中的首富。

这方面的内容，从史料记载中窥见一斑。

《史记·仲尼弟子列传》记载"子贡好废举，与时转货赀……家累千金"，这里的"废举"指贱买贵卖，"转货赀"是指"随时转货以殖其资"，意思就是，子贡会根据市场行情的变化，转手获利。

《史记·货殖列传》记载，子贡"废著鬻财于曹、鲁之间……结驷连骑，束帛之币以聘享诸侯。所至，国君无不分庭与之抗礼"，甚至越王勾践还曾"除道郊迎，身御至舍"……子贡的富有程度和社会影响力由此可见一斑。

子贡是史料记载的儒家经商第一人，对后世影响巨大，是孔门其他弟子无法企及的，子贡也因此被后人尊奉为"儒商鼻祖"。子贡的主要财富思想有如下几点。

（1）义利思想。子贡是一个儒者和商人，严格遵循师父孔子的教诲，把道德放在第一位。子贡认为，儒者经商必须处理好"义"和"利"的关系，要用正当的方式合理、合法地谋取利益，不能见利忘义，只有舍利取义、义利分明，才称得上是大丈夫，"见利忘义"者只能称为奸商。

（2）诚信思想。子贡将诚信立本的品德贯彻于自己经商、治学和从政的社会活动中，取得多方面的成功。

（3）仁和思想。子贡不仅讲求信誉，还特别强调"仁爱"与"人和"，他曾说："我不欲人之加诸我也，吾亦欲无加诸人。"

（4）乐施思想。子贡认为，创造或聚集财富只是实现人生目标的一个条件，终点是"取之于社会，用之于社会"。他乐善好施，积极参与社会活动，发挥出了自己应有的价值。子贡经常会以家财救济穷人，《吕氏春秋》中记述了一个"子贡赎人"的故事，大意是：根据当时鲁国法律规定，如果鲁国人在国外见到同胞沦为奴隶，出钱赎回，事后可以找国家报销赎金，国家还要给予表彰。有一次，子贡到其他国家做生意，赎回了同胞，却没跟国家报销赎金。这件事体现了他"乐施"的胸怀。

子贡的经商之道可以简要概括为四点。

儒商总则：合义取利，以利济世，和气生财，以儒兴商。

儒商人格：仁和立人，义利平衡，讲信修睦，乐善好施。

儒商生活：博学儒雅，亦文亦商，以商养儒，以儒促商。

儒商之道：贞守诚信，谋利有度，宽厚圆融，内圣外王。

★猗顿

猗顿，春秋时期鲁国人，是我国先秦时期著名的大手工业者和商人，促进了山西手工业和商业的发展。

《史记集解》记载，猗顿原籍鲁国，生活异常穷困，过着吃不饱、穿不暖的生活。猗顿一心想改变这种生活，有一天他听说范蠡是大富翁，于是前去请教。陶朱公十分同情他，但考虑到猗顿当时的情况，就建议他先畜养少数牛羊，渐渐繁衍壮大。猗顿按照陶朱公的指示，到猗氏（今山西临猗南）畜牧牛羊。当时，这一带土壤潮湿，草原广阔，是畜牧的理想场所。猗顿辛勤经营，畜牧规模日渐扩大，终于富甲一方。

猗顿没有满足，考察后将目光转到了猗氏之南的河东池盐。此后，他在贩卖牛羊时，会顺便驮运一些池盐过去，连同牲畜一起卖掉。渐渐地，他意识到贩运池盐是一条获利更大的致富途径，于是加大了对盐业的投入。为了更有效地经营池盐，加快贩运速度，他还尝试改变了驴驮车运的落后运输方式，开凿了山西第一条人工运河。这条运河长达数百里，开始了最早的远程贸易。

随着财富的不断增多，猗顿的经营范围也在不断扩大，开始涉足当时多数商人都喜欢的玉石生意，还成了相玉的行家。《尸子·治天下篇》中有："智之道，莫如因贤。譬之相马而借伯乐也，相玉而借猗顿也，亦必不过矣。"《淮南子·氾论训》中说："玉工眩玉之似碧卢（一种美玉）者，唯猗顿不失其情。"

猗顿通过多方经营，创造了巨额财富，对社会产生了重大影响。《韩非子·解老》有载："夫弃道理而妄举动者，虽上有天子诸侯之势尊，而下有猗顿、陶朱、卜祝之富，犹失其民人而亡其财资也。"可见，猗顿的财富已经可以比肩陶朱公。

第二章
秦朝：品牌进一步发展

随着经济发展，品牌获得发展机会

秦时的经济有了一定的发展，但商业被限制的范围有所扩大。自商鞅提出了"奖励耕织、重农抑商"的思想后，抑制商业的政策逐渐加强。

秦朝对商业的抑制，在秦孝公时期达到高潮，《田律》《仓律》《司空律》中都有涉及奖励农民、打压商人的相关内容。商鞅提出政治改革思想后，着手进行自上而下的一系列举措，其中就包括对商业的压制。

秦始皇统一六国，建立了历史上第一个中央集权国家，律例"富人移民咸阳"颁布后，很快就在咸阳建了一个中心商业区，聚集了大量的财富和人口，商业资本迅速积累，让咸阳出现了暂时的繁荣，经济消费大大增加。

此外，为了巩固国家统一，秦始皇还采取了一些有利于商业发展的措施，如统一货币制度、修建道路、统一度量衡等，为实现商业交流、加快物流速度和建立贸易标准等奠定了基础，进一步促进了商业的繁荣和发展。

品牌宣传的载体

到了秦朝，品牌的宣传载体主要有标记、商标等。

◎ 标记

秦朝的私营手工业获得了一定的发展，并滋生出原始的"品牌认知"意识。

在出土的秦时期文物中，很多器皿上都印有地名、人名。这种镌刻，不仅出现在了盆、罐、壶、瓮等陶器上，还出现在了陶器工具上。这些印文不是市吏刻印的，而是陶工自己刻印的，是地方制陶作坊的一种标记。

可见，当时的经商者已经初步具备了口碑意识。

◎ 商标

我国的商标标识最早可以追溯到两千多年前的青铜器上，在出土的青铜器上，花纹、标志、符号等都各有指代。但从严格意义上来说，商标标识始于秦汉时期，因为这一时期，标识起到了表明物件由来的作用。

秦国时期，为了保证作战武器的质量，秦王制定了统一的质量标准，并且命令制造兵器的人在自己的产品上刻下自己和监制人的姓名。

品牌代表

秦国的商人代表主要有吕不韦、巴清、乌氏倮等，他们都创造了巨大的财富，促进了经济的发展。

★ "最知名的商人"吕不韦

吕不韦不仅是一个厉害的政治家，还是一个成功的商人。

战国时期，很多能人都登上了历史的舞台，谱写出传奇人生，商人吕不韦就是其中之一，他以"奇货可居"闻名于世。

当时，商人的地位非常低，吕不韦却凭借商人的出身爬到了秦国丞相的位置，他究竟是如何做到的？其实，这一切都要归功于吕不韦的经商之道，概括起来就是——奇货可居。

吕不韦善于思考，乐于经营，家财快速增加。《史记·吕不韦列传》中记载："吕不韦者，阳翟大贾人也。往来贩贱卖贵，家累千金。"《吕氏春秋》中还有这样一句话："民之情，贵所不足，贱所有余。"即"物以稀为贵"，这也是吕不韦的一大经商理念。

吕不韦善于观察，抓住时机低进高出。例如，有一年，他从赵国出发，去卫国贩运木材，看到卫国的高粱马上就要丰收，随手折断几根，却发现茎里面有害虫，于是立刻抢购高粱。卫国人认为新粮马上就要丰收，于是果断低价出售旧粮。让百姓始料不及的是，高粱遭了虫害，大幅减产，市场价格暴涨。吕不韦把抢购来的高粱高价抛售，大赚了一笔。

吕不韦的经济活动跨越今天的山东、河北、河南、山西、陕西等省，当时交通不便，没有一定的经营能力和经济能力根本就无法做到，但吕不韦做到了。

吕不韦期望有朝一日能改变自己的商人身份，走上仕途。于是，他和父亲有了这样一段对话。这段话很有名，被收录在《战国策》中。原文如下：

耕田之利几倍？曰，十倍。

珠玉之赢几倍？曰，百倍。

立国家之主赢几倍？曰，无数。

翻译成白话文就是，从事农耕，可以获得十倍的利润；从事珠玉买卖，可以获得百倍的利润；如果拥立一位君主，可获得的利润就无法计算了。于是，吕不韦就开始想办法摆脱自己的商人身份。

吕不韦在从商和从政的历程中，使用过很多营销手段。

1. "跑腿宣传" 广告第一人

吕不韦为了将商品售卖出去，惯用手段就是 "做宣传"。他会雇用 "跑腿的汉子" 在各地打广告。以现在的眼光来看，这种方式机械、耗时、耗力，但在当时却取得了非常好的效果。资本的原始积累，为吕不韦的发家奠定了基础；当金钱累积越来越多的时候，他也成了当地较有名气的大商人。

2. 自身的营销

秦朝商人的社会地位非常低，为了提升自己的知名度，吕不韦很注重自我营销；他努力制造各种机会，游走于不同场合，结识了很多达官显贵。

吕不韦在赵国都城邯郸组织了一场拍卖会，拍卖的物件是据说已经失传的"皓镧"夜明珠。这是一件非常珍贵的物品，传说是当年周天子的镇国之宝！消息一传出，就迅速扩散开来。整个邯郸，乃至周边的几个诸侯国的富贾官宦都被这一消息所震撼。

在拍卖之夜，大批的贵族与富人纷纷来到邯郸，参加这一拍卖活动。当工作人员将"皓镧"夜明珠拿出来时，观者都惊呆了，拍卖价格一路飙升。

这次拍卖活动的参与阵容非常强大，主要有赵国宰相、平原君（战国四君子之一），以及其他国家权贵的代理人。在这些人中，平原君是比较有名望的，他是赵武灵王的儿子，有数千门客，社会地位与知名度都非常高。这些人的到来，让拍卖活动的知名度大幅提升。

最后，吕不韦成功拍得了这颗夜明珠。

大家对吕不韦的名号和其豪迈阔绰有了直观的认识，没人知道这其实是吕不韦特意安排的一个"局"。"皓镧"夜明珠本来就是吕不韦自己的，他利用该物件的珍贵，吸引了大量的贵族与官宦；然后，拍卖出天价，获得成功，展示了自己的实力与名号。

吕不韦此举是给自己拍了一个广告宣传片，成功地宣传了自己。

3. 独到的投资眼光

吕不韦在赵国经商时，发现了在赵国做人质的秦国异人（即后来的秦庄襄王）。

秦昭王时，太子悼客死魏国，他的次子安国君便被立为太子。安国君一共有 20 多个儿子，异人就是他与夏姬所生，庶出，不受宠。最终，异人便被派到赵国做人质。

之后秦赵关系恶化，异人在赵国生活得困窘至极，甚至连日常的生活开支都无法保障。

一次，吕不韦去邯郸做生意，看到异人后，非常高兴，认为只要跟着这个人，就能实现自己的远大抱负。成语"奇货可居"讲的就是这个故事。

果然，吕不韦投资成功，异人成了秦庄襄王后，任用吕不韦为秦国的相国。一时间，吕不韦权倾朝野，要风得风，要雨得雨，被誉为"战国第一商人"。

★女性入主商业的第一人巴清

虽然现代并不缺乏优秀的女性企业家，但在古代"重农抑商"的思想下，多数人都不认可经商，更别说女性经商了。巴清却凭借经商扩充了财富，提升了社会地位，获得秦始皇的称颂。

"巴清"其实并不是她的真名，"巴"也不是她的姓氏，而是指"巴郡"，"清"才是她的名。如果细加考究，她应该叫作"巴寡妇清"，为了方便，人们才称她为"巴清"。

巴清生活在秦朝巴郡，就是今天的四川一带。巴清夫家有自己的家族产业，即丹砂产业。巴清丈夫的高祖父探得一处丹砂矿洞，经过家人的努力开采、销售，家族产业越做越大，销售的地区也越来越广，积累了大量的财富。到了她丈夫这一代，经营的矿洞已经很多，销售的丹砂也已经遍及全国各地。

丈夫死后，巴清继承了他的家产。巴清有着极强的商业头脑，也很有魄力、很自信。她抓住商机，将夫家的丹砂帝国扩大了不止一倍，成为秦国的第一女富豪。

为了做好管理，巴清规定了丹砂的质量标准。由于品质可靠，所以她的丹砂品牌在各地都十分出名。在内部管理上，她奖罚分明，刚柔相济。巴清出手大方，待人宽厚，是有名的慈善家。有一年家乡遭遇灾害，庄稼颗粒无收，百姓无家可归，巴清拿出巨额财产，帮人们渡过难关，百姓都很爱戴她。甚至，秦始皇修建长城时，巴清也提供了巨额资助，秦始皇对她十分敬重。

巴清开创了女性入主商业的最早记录，是历代女商人的典范。

作为中国最早的女性企业家，巴清的一生确实精彩，她是一个值得称颂的传奇女性。

★有胆有识的乌氏倮

乌氏县位于今天甘肃平凉北部及宁夏固原南部一带。秦朝时，当地植被繁茂，水源充足，草场开阔，为乌氏部族发展畜牧业创造了条件。虽然是一名畜牧主，乌氏倮却受到了秦始皇的接见，并受到重用。

《史记·货殖列传》载："乌氏倮畜牧，及众，斥卖，求奇缯物，间献遗戎王。戎王什倍其偿，与之畜，畜至用谷量马牛。"乌氏倮的经商方式是，用自己养的牛马换成丝绸瓷器等物，然后献给戎王，戎王再以十倍的价格赐给他牛马。乌氏倮将大量的优质西域马匹装备送给秦国军队，为秦国骑兵发展甚至一统天下做出了重要贡献。

乌氏倮虽然是一个边陲牧人，但慧眼识珠，能够发现并抓住商机。他之所以能通过丝绸马匹贸易集聚巨额财富，依靠的就是超凡的胆识和远见，比如：以畜牧为生的同时，将剩余产品与他人交换并获利。因为他知道，只有让资金与商品流通不息，利润才能滚滚而来。

乌氏倮所处的时代，商贸活动迅速发展，剩余产品越来越多，天南地北的商品开始互通有无，各地物产开始在较大范围内流通。以乌氏倮为代表的商人发现了各地区间不同产品互换的可能性，把握商机，调剂余缺，在地区之间穿梭往来。

乌氏倮的商贸活动，不仅为自己积累了大量财富，还打破了地域界限，促进了经济的繁荣和发展，起到了承前启后的引导作用，而这也是他的非凡之处。他克服了气候恶劣、交通不畅、民族隔阂等诸多困难，引领了跨地区的商贸活动。

第三章
两汉、魏晋、南北朝：品牌意识觉醒

商业大都会出现，品牌态势多样化

秦朝灭亡后，刘邦在中原竞争中打败项羽，于公元前 202 年统一全国，建立了汉王朝。汉朝包括西汉（前 202—8 年）和东汉（25—220 年）两个阶段，历时四百多年。

西汉的都城长安（今陕西西安）繁华一时，《史记·货殖列传》中就提到了包括长安在内的 19 个大都会，以下列举几个：

洛阳，是中原地区的商业中心，这里的富人往往更受人尊敬。

临淄，汉武帝时，共有人口 10 万户，人们生活富足。当地主要出产鱼、盐、漆、布和帛，纺织品更是风行全国。

巴蜀，主要出产盐、铁、布、竹、木等物。

此外，江陵（今湖北荆州）、寿春（今安徽寿县）、番禺（今广东广州）等，也是南方重要的经济中心。其中，番禺还是海外贸易的大都会。

当时，各地经济发展不平衡，北方的大城市要多于南方，且多数集中在黄河中下游地区，吸引了众多商人，初步形成了城市网络。

两汉时期，手工业发展迅速。从组织类型上，可以分为官营手工业和民营手工业。官营手工业通常都是政府投资，派官吏管理，可以垄断某个行业，规模大，人数多，力量雄厚，远超私营手工业。

在汉代官营手工业中，制盐和冶铁是较为发达的部门。西汉开国之初，国家一度允许盐铁私营。汉武帝时，为了解决财政困难，加强国家对经济的控制，开始施行盐铁专营，禁止民间铸铁和煮盐。汉武帝在全国各地都设立了铁官，由中央专门负责管理。

此外，两汉政府还掌握着很多官营手工业部门，主要有纺织、漆器、铜器、陶器、舟车、玉石、纸墨笔砚、木器、竹器、草编、度量衡器、兵器等。其中，纺织业规模很大，临淄和襄邑（今河南睢县）都设有大规模的官营纺织业中心，长安也设有东西织室，官营作坊的织工多达数千人，主要生产名贵的锦、绣和纱等。

魏晋南北朝时期，南方社会经济获得巨大发展。当时，长江以南的地区几乎没受到战火的破坏，北方移民纷纷前来，带来了先进的生产技术和足够的人力资源，为江南地区的发展创造了条件。

三国孙吴时期，长江中下游沿岸和太湖流域的许多荒地得到开垦，经过精耕细作，稻田亩产量有所提升。同时，手工业也不断发展，丝织业、冶铁业、制瓷业等都取得了进步；造船业取得长远进步，海船北达辽东，南到南亚诸国，海上势力庞大。

东晋南朝时期，江南农业继续发展，移民掀起了规模巨大的拓荒运动；大家围湖造田、占山立庄，耕地面积大大增加，同时还进行了很多水利建设。同时，茶业在江南也得到发展，饮茶成为时尚，植茶和制茶业随之兴起。

这一时期，造纸技术也有了很大进步，除了用麻类纤维制造的麻纸外，还开始用藤造纸，即藤纸。剡县（今浙江嵊州）是藤纸的著名产地，产量巨大，据说王羲之曾将会稽库存的 9 万张纸送给谢安。随着造纸业的迅速发展，纸已经完全取代了竹帛的地位。

随着生产和交换的发展，南方城市如京口（今江苏镇江京口区）、山阴（今浙江绍兴）、襄阳、江陵、成都、番禺等都持续发展。其中，番禺是海外贸易中心，自南朝开始，海外贸易逐渐发达，各国向中国输入象牙、犀角、香料等商品，以交换中国的丝织品和瓷器。

两汉时期，品牌意识已经融入社会经济生活，市场上出现了大量实物招牌、刻着工匠名字的商品；手工业高度发达，商品种类更是丰富多样。为了保住自己的市场地位，并获得溢价，商人或手工业者开始用能工巧匠的姓名或与商品有关的故事等来为商品命名，正式的品牌命名出现。《汉书·王尊传》中出现了"剪张禁，酒赵放"的说法。汉朝诗人辛延年的作品《羽林郎》曾对卖酒的女子进行了这样的描述："胡姬年十五，春日独当垆。长裾连理带，广袖合欢襦。头上蓝田玉，耳后大秦珠。"可见，在当时"当垆"已经是一个酒类行业的专有名词，而"蓝田玉""大秦珠"是当时公认的彰显身份地位的品牌首饰。

到了东汉，出现了个人品牌和产品品牌的捆绑传播，赵岐的《三辅决录》记载："夫工欲善其事，必先利其器，用张芝笔、左伯纸及臣墨"，这里提到的笔、纸、墨，就是当时市场上流行的文具品牌"张芝笔""左伯纸""韦诞墨"等，是以良工巧匠的名字来命名的，说明当时的人们已经懂得用具有鲜明特征的品牌来体现商品的卓越价值。

北魏杨衒之在《洛阳伽蓝记》中记载了酒商刘白堕巧妙地利用广告宣传自己品牌的故事。

当时，刘白堕是河东有名的酿酒大师，他酿出的酒异常香美，一旦喝醉，就会大睡不醒，他为这些酒起名"鹤觞酒"，也叫"骑驴酒"。

永熙年中，南青州刺史毛鸿宾外出，中途遇到强盗。强盗发现了他携带的鹤觞酒，揭开盖子就喝，结果片刻就醉倒在路旁，被毛鸿宾轻而易举地抓获。自此，鹤觞酒便流传开来，成了人人称颂的"擒奸酒"。社会上还出现了"不畏张弓拔刀，唯畏白堕春醪"的顺口溜。

刘白堕便利用这个故事，对酒进行口头宣传，扩大知名度。之后，洛阳城内的王侯将相，不仅自己饮用此酒，还会赠送友人，酒的名气也越来越大，鹤觞酒一时间声名鹊起。

品牌宣传的载体

两汉魏晋南北朝时期，品牌的宣传载体主要有商标和印章。

◎商标

汉朝，商品经济得到进一步发展，商品种类丰富起来，典型代表便是漆器。

为了表明这些漆器是由不同作坊生产的，上面往往会有"成市草""成市饱""市府草"等标识，也就是商标。

品牌营销

两汉魏晋南北朝时期，可考的品牌营销方法主要有名人代言、连锁经营、广告促销。

◎名人代言

为了提高产品的销量，古代商家也会请"明星代言"，如西汉大才女卓文君为自家酒馆"代言"。

汉朝时期，餐饮业非常繁荣，街头酒馆受到普通消费者的欢迎。有些酒馆经营者独具创意，在店铺前面垒起高台，即"垆"，把大酒坛子放到上面；为了吸引眼球，还会让长相靓丽的女子站在旁边，也就是今天的"促销小姐"。据说，当时声名远播的大才女卓文君，就当过"促销女"。

《史记·司马相如列传》记载，当年司马相如与卓文君私奔，为了谋生，他们在四川临邛（今邛崃）盘了一家酒舍，开了个小酒馆。司马相如主要负责洗盘子，卓文君则站到店前的酒坛旁边揽生意，这就是"文君当垆，相如涤器"典故的出处，此事一时被传为佳话。

东晋时期还出现了"慈善广告"，如王羲之的"题扇赠老姥"。

《晋书·王羲之传》："又尝在蕺山见一老姥，持六角竹扇卖之。羲之书其扇，各为五字。姥初有愠色。因谓姥曰：'但言是王右军书，以求百钱邪。'姥如其言，人竞买之。"

大意是：

有一天，王羲之出门散步，看到一个老妇人提着一篮竹扇在叫卖。王羲之便在每个扇子上题写了五个字。开始时老妇人还有点生气，王羲之提示她："介绍扇子的时候，你就说这些字是王右军写的，每个价格百钱。"老妇人依言照做，扇子很快就被抢购一空。

王右军，是人们对王羲之的别称。如今绍兴有一座石拱桥，名叫"题扇桥"，传说就是王羲之当年为老妇人题扇的地方。

还有一个讲"洛阳纸贵"的故事：

《三都赋》是晋代畅销书作家左思的代表作品，是他花费十年时间创作的结晶。可是，当时的左思没什么名气，文坛根本就没人关注《三都赋》。

左思心有不甘，找到当红作家、《博物志》作者张华，跟他讲述了《三都赋》的写作经过，张华深受感动。仔细阅读之后，将《三都赋》推荐给了名气更大、更有"话语权"的皇甫谧。

皇甫谧很赏识左思，对《三都赋》做出了极高的评价，还亲自为此书作序。看到皇甫谧支持这本书，在朝廷担任官职的张载、刘逵等分别给《三都赋》作注。凭借这些文化名家的影响力，《三都赋》名声大振，富贵高士竞相传抄，洛阳城内纸张价格大涨，有些人只能到外地买纸回来抄写《三都赋》。

◎连锁经营

北魏巨富刘宝在全国各地建立了连锁商号。他将商号总部设立在经济与文化最发达的首都洛阳，对分布在各地的商号进行系统管理，盐、米等商品都用"统一商号，统一价格"的方式销售。同时利用各地均有商号的便利，广泛收集各类商品。

刘宝的商业王国异常庞大，无论州、郡，只要是闹市区，都有他的宅院，各宅院都饲养马匹。只要是车船可通行的地方，都可以发现刘宝旗下商贩活动的痕迹。靠着这些连锁商号，刘宝获得了难以估量的财富。据说，他"产匹铜山，家藏金穴。宅宇逾制，楼观出云，车马服饰拟于王者"。

不管刘宝的财富之名是否属实，这种连锁商业模式，后被广泛运用于商场中。

◎广告促销

当时的商人经常会做广告促销，虽然不能像今天通过网络、电视等媒介打广告，但只要是能用的广告手段，商人们都在使用。他们知道，要想将生意做好，就得扩大商品的知名度，打动顾客。

在《洛阳伽蓝记》里记载了一则棺木商人促销的故事。

洛阳市北有个棺材市场，名字叫奉终里。该市场集制造与经营于一体，卖棺材的商人发现柏木制造的棺材很难卖，他们冥思苦想，最后编造了一则玄之又玄的故事，在洛阳城中广为流传：

有个已故十二年的人，叫崔涵，一次偶然的机会，装殓他的棺材被一个僧人挖出，他死而复生，告诉了人们一个来自"地下世界"的秘密。他在"地下"看见，装柏木棺入葬的人，可以免受刑罚。于是，街面上就开始流传"作柏木棺，勿以桑木为欀"的说法。人们信以为真，纷纷选择柏木棺，放弃了原来的桑木棺。柏木棺的销量大增，价格也随之暴涨。

其实，这所谓来自"地下"的秘密，仅仅是商人采用的一种不可取的促销手段。但它抓住了当时顾客关心的事情，使滞销货变成了畅销货，获得了惊人的销售成果，广告舆论影响力可见一斑。

第四章
唐朝：品牌的自觉传播与扩散

品牌传播意识增强

　　唐朝是我国封建社会最鼎盛的时期，商业贸易异常繁荣，主要表现在：大街小巷都临街开设店铺，自由买卖，自由竞争。这促使品牌传播意识变得自觉。尤其在"贞观之治"和"开元盛世"时期，社会经济更是得到了快速发展，商业规模不断扩大。

　　唐朝初期经济发展主要集中在北方，经历安史之乱后，北方生产遭到破坏，经济重心开始向南方转移。

　　唐朝催生了很多农业发明，如曲辕犁。农业设施和水利技术的发展，促进了农作物的丰收。安史之乱爆发后，北方很多设施遭到破坏，江淮地区也受到影响。后来人们修建水利工程，开始种植水稻，南方变成了唐朝盛产粮食的地方。

　　唐朝，茶成了人们生活休闲的重要方式，茶产业获得了巨大的发展。南方茶叶还被销往海外。

　　唐朝中期，手工业得到长足发展，洛阳唐三彩成为享誉世界的上品瓷器。为了发展海上贸易，唐朝还专门设置了"市舶使"，吸引犹太人、阿拉伯人和波斯人来做生意。唐朝制定了先进的货币政策，铜钱和绢帛都是交易货币，并且出现了飞钱这一汇兑票据。

长安作为都城，吸引了无数人才，各国的商人都汇聚于此，进行商品交换，学习大唐。

那时候，商人众多，集市密密麻麻。各商家为了宣传自己的品牌，使用了叫卖、酒幌、幡旗、铭牌、挂饰、灯笼、刻碑等宣传方式，这意味着品牌的传播与扩散已经达到了自觉阶段。

随着民间手工业作坊规模的不断扩大和数量的进一步增多，制墨业和造纸业的市场饱和度逐渐增大。商家想要保持商品的销量，就要给产品进行命名和定位。

唐朝制墨业最具代表性的"李墨"，是唐朝最负盛名的制墨世家李家（李廷珪）制造的墨的代称。该称呼虽然不是品牌商标，却体现了最朴素的品牌意识，其他人或地区生产的墨都不能使用这个称呼。

商业的繁荣，拉动了国家的经济发展，促使中国成了当时的世界强国之一。

品牌宣传的载体

唐朝的品牌宣传载体主要有幌子、印章、商标、灯笼和铭文等。

◎幌子

为了扩大影响，凸显自身特色，很多店铺和饭馆都会使用幌子作为品牌标志。最初各店铺仅选一块长约一尺的青白二色布，制作成周围呈锯齿状的长条旗子。后来，人们干脆在五彩酒旗上直接绘制图案或店名，悬挂在门头。这时期的幌子广告被运用得更加广泛，艺术表现形式也得到改进。唐朝诗人杜牧的诗《江南春》就生动地描述了这种景象："千里莺啼绿映红，水村山郭酒旗风。南朝四百八十寺，多少楼台烟雨中。"酒幌广告的发达由此可见一斑。

当然，不同的文学作品中的幌子广告所用的词语不同。酒旗，亦称酒望、酒帘、青旗、锦斾等。

杜牧《代人寄远》："河桥酒斾风软，候馆梅花雪娇。宛陵楼上瞪目，我郎何处情饶？"

元稹《和乐天重题别东楼》："唤客潜挥远红袖，卖垆高挂小青旗。"

白居易《杭州春望》："红袖织绫夸柿蒂，青旗沽酒趁梨花。"

刘禹锡《鱼复江中》："风樯好住贪程去，斜日青帘背酒家。"

王建《宫前早春》："酒幔高楼一百家，宫前杨柳寺前花。内园分得温汤水，二月中旬已进瓜。"

陆龟蒙《和袭美初冬偶作》："小炉低幌还遮掩，酒滴灰香似去年。"

有些酒楼店家讲究环境的幽雅，又为诗句平添了几分情趣。韦应物的《酒肆行》写道："碧疏玲珑含春风，银题彩帜邀上客。"该酒店在五颜六色的"彩帜"上醒目地绣着白色的"酒"字，既显示了行业特征，又凸显了广告的艺术性。

◎印章

以唐代宣徽酒坊的银酒注子为例，上面直接铭刻着制造商"宣徽酒坊"的印章。该酒注于 1977 年出土于陕西省西安市西郊鱼化寨南二府庄，由当地农民平整土地时发现。

酒注是唐代中期产生的一种酒壶，主要功用是向酒杯中注酒，因此被命名为"酒注"。宣徽院乃唐代皇宫内府所设机构，下设酒坊，据文献和器上之铭文记载，这件酒注是宣徽酒坊的酒器。酒注上不仅刻有拥有者的名称、制造时间、监督官员姓名、工匠姓名，还有编号、容量、重量等。另刻有铭文"地字号酒注"和"宇字号"，说明唐代宣徽酒坊的金银酒器是根据《千字文》"天地玄黄，宇宙洪荒"的顺序编排号码的，可见该酒坊的金银酒器数量确实可观。

当然，在名目繁复的众多广告中，最简单明了的还是姓氏广告。

唐代长沙铜官窑瓷壶装饰的模印贴花中嵌有姓氏，比如"张""何"等。

◎商标

《唐六典》规定："其造弓矢长刀，官为立样，仍题工人姓名，然后听鬻之。诸器物亦如之。以伪滥之物交易者，没官；短狭不中量者，还主。"为了保证产品的质量，朝廷要求工人必须将自己的名字标注上，产品不合格的，就要接受惩罚："诸造器用之物及绢布之属，有行滥、短狭而卖者，各杖六十。"

此类商标标识多数还是为了保证商品质量。

◎灯笼

用灯笼做广告，是酒楼和饭馆的特色之一。灯笼通常悬挂于店铺的门前，夜间被点亮，灯笼上用文字标明店铺的商业性质，如"酒楼""茶馆""客栈"等，十分引人注目，起到了招牌广告的作用。而且，为了更好地被识别，各行业灯笼造型也略有区别，如酒楼悬挂的灯笼形如酒瓮，药店悬挂的灯笼状如葫芦等。

王建在《夜看扬州市》中提到："夜市千灯照碧云，高楼红袖客纷纷。如今不是时平日，犹自笙歌彻晓闻。"其《江馆》诗中也有"客亭临小市，灯火夜妆明"的诗句。

灯笼广告的兴起，首先是因为随着商业贸易的发达而出现了夜市。在江南繁华的夜市里，叫卖声此起彼伏，万盏红灯闪耀夜空……给灯笼广告的产生创造了重要条件。其次，该时期灯笼的制作技术发展到一定程度，为广告宣传提供了物质基础。

◎铭文

古代瓷器上的铭文，能够传递出更多的信息，这也使得瓷器更有价值。北京故宫博物院收藏的一件白釉花口瓶，腹上刻有"丁道刚作瓶大好"，作用类似于现代的广告。

在湖南望城县（今长沙市望城区）唐代铜官窑出土的几百件铭诗瓷壶中，诗的体裁主要是五言诗和六言诗，书写的五言诗以行楷为主。

品牌营销

唐朝品牌营销的方法主要涉及炒作营销、名人效应、美女营销、商品展销会、演示陈列、招贴广告等。

◎炒作营销

初唐诗人陈子昂出生在一个富裕的家庭，年轻的时候，他助人为乐，好打抱不平，经常帮助贫困人群。从十七八岁开始，陈子昂开始研究文学，虽然入门较晚，但诗歌创作方面一点也不逊于同时代的大诗人。陈子昂参加了两次科举考试，但每次都落榜，他有些忧郁苦闷。

一天，陈子昂到长安街头闲逛，发现街角围满了老百姓。他挤过去，看到中间坐着一位卖古琴的长者。这位长者号称他的古琴世间少有，价值百万。群众一边看长者吹嘘自己的古琴，一边等着最后的买主出现。

陈子昂想，如果我买了这把琴，全城的人就认识我了，然后推广我的诗词也就更容易了。于是，他就花重金买下了这把古琴。古琴到手后，围观的人让陈子昂现场弹奏一下，想看看这古琴到底好在哪里。

陈子昂本不会弹琴，但想到一个办法，对围观群众说：今天太仓促了，我打算明天在我的寓所里演奏。你们谁如果想听，还请明天光临。

这件事一传十传百，很快就传遍了整个长安城，第二天来听陈子昂演奏的人非常多。

陈子昂抱着古琴慢慢走上亭台，嘈杂的现场渐渐安静下来，就在大家屏息等待演奏的时候，陈子昂居然高高举起古琴，重重地摔在地上，古琴当即被摔破了。

大家满脸疑问，陈子昂在台上解释道："我陈子昂写了那么多诗文都无人问津，而弹琴只是我众多技艺中最差的一个，留着这古琴有何用？"众人听了他的话，对他的诗产生了兴趣。

陈子昂一鼓作气，把自己所写的诗分发给在场的宾客。一天之内，陈子昂的名声就传遍了整个长安城。

◎ **名人效应**

唐朝作家请名人为商品作赋吟诗已经变成一种潮流，酒、茶、食物等都会通过名人效应进行推广。

比如，著名诗人李白的《客中行》，就是关于兰陵出产的一种酒的。

兰陵美酒郁金香，玉碗盛来琥珀光。
但使主人能醉客，不知何处是他乡。

兰陵酒本来就小有名气，经过李白的渲染，更提高了知名度。

◎ **美女营销**

为了吸引人们前来消费，唐代酒肆会利用各种手段，如美丽少女的当炉、音乐歌舞的助兴等，营造出欢乐、愉悦的氛围。

美丽少女的当炉。比如：白居易《东南行一百韵寄通州元九侍御澧州李十一》云："软美仇家酒，幽闲葛氏姝。十千方得斗，二八正当炉。"

音乐歌舞的助兴。唐代酒肆中会营造浓郁的音乐氛围，客人饮酒时，专业乐师会临场献技，将酒客带入如痴如醉的境界。

◎商品展销会

《旧唐书·韦坚传》中记载：

天宝年间，韦坚将渭水通往长安的漕舟集中在宫苑墙外，供皇帝御览各地货物，其时"坚预于东京、汴、宋取小斛底船三二百只，置于潭侧，其船皆署牌表之。若广陵郡船，即于柁背上堆积广陵所出之锦、镜、铜器、海味；丹阳郡船，即京口绫衫缎；晋陵郡船，即折造官端绫绣；会稽郡船，即铜器、罗、吴绫、绛纱；南海郡船，即玳瑁、真珠、象牙、沉香；豫章郡船，即名瓷、酒器、茶釜、茶铛、茶碗；宣城郡船，即空青石、纸、笔、黄连；始安郡船，即蕉葛、蚺蛇胆、翡翠"。

可见当时集货地之广，景况之盛。

◎演示陈列

唐代著名文学家刘禹锡曾写过一篇著名的散文《观市》，里面描绘了沅州（位于今湖南西部）西南一个新开张的集贸市场的热闹情景：

集市的陈列物上挂一个大牌子，上面标着货物价格；织锦和生绢直接摆放在打开盖的箱笼里；精雕细磨的工艺品摆放在搁板上；琳琅满目的各种土特产被摆放在方形或圆形的盛物竹器里；热气腾腾的饼饵层层叠起，散发出诱人的香味……

陈列广告在当时已经相当普遍，确实是一种宣传商品的好方法。

此外，还有一种表演广告，比如，有人卖药时会耍弄刀枪，招徕顾客。《太平广记》卷八十五"蜀城卖药人"中有"市内有一人弄刀枪卖药"的记载。

◎ 招贴广告

唐代，有的商人会贴出招佣的"纸榜子"，类似今天的招工广告。比如，唐人李公佐写的著名传奇小说《谢小娥传》中有：为了报杀父杀夫之仇，谢小娥女扮男装，"为男子服，佣保于江湖间。岁余，至浔阳郡，见竹户上有纸榜子，云召佣者"。小娥应招到了那家做用人。

品牌代表

唐朝商人和品牌的代表主要有邹凤炽、窦乂、谭和甫、王元宝等，他们都创造了巨大的财富，促进了当时经济的发展。

★丝织业中的佼佼者邹凤炽

唐朝丝织业发达，产品驰名中外，丝织品的消费量和出口量，给工商业从业者提供了暴富的机会。唐初长安商人邹凤炽，就是该行业中的佼佼者。《太平广记》中记载：

西京怀德坊南门之东，有富商邹凤炽，肩高背曲，有似骆驼，时人号为邹骆驼。其家巨富，金宝不可胜计，常与朝贵游，邸店园宅，遍满海内。四方物尽为所收，虽古之猗白，不是过也。其家男女婢仆，锦衣玉食，服用器物，皆一时惊异。尝因嫁女，邀诸朝士往临礼席，宾客数千。夜拟供帐，备极华丽。及女郎将出，侍婢围绕，绮罗珠翠，垂钗曳履，尤艳丽者，至数百人。众皆愕然，不知孰是新妇矣。又尝谒见高宗，请市终南山中树，估绢一匹。自云："山树虽尽，臣绢未竭。"事虽不行，终为天下所诵。后犯事流瓜州，会赦还。及卒，子孙穷匮。

翻译成白话文就是：

在西京怀德坊南门东面，有个富商叫邹凤炽，他的两肩高后背弯曲，像骆驼似的，很多人叫他"邹骆驼"。他家非常有钱，金银珠宝数不胜数，跟朝廷中的权贵来往频繁，各地都有他的邸店和园林住宅，家里的仆人都穿锦衣吃美食，吃穿用度令人羡慕。

女儿出嫁时，邹凤炽邀请官员来吃酒席，宾客多达数千，晚上还提供帐幕让大家休息，华丽至极。新娘出来时，数百名女仆围绕着她，都穿绮罗戴珠翠，低着头，小步走路，特别艳丽。宾客们都愣住了，不知道哪个是新娘子。

邹凤炽曾拜见过高宗皇帝，他想要买终南山中的树，一棵树的价格是一匹绢，并且说："山上的树卖光了，我的绢也不会用光。"这个生意虽然最后没有达成，但此事也传遍了天下。后来，邹凤炽因犯罪被流放到瓜州，遇到大赦，重新回家。他去世之后，子孙都变得很穷困。

★ "唐朝扶风小儿" 窦乂

窦乂，是唐代商人，被称为"唐朝扶风小儿"。根据明朝人冯梦龙主编的《智囊全集》记载，他从种树开始，后建立了"窦家店"，成为一代富商。

窦乂 13 岁时，一位亲戚从安州带回十几双当地的丝鞋，分送给孩子们。大家争抢挑拣，只有窦乂一动不动。等别人都挑完后，窦乂才拜谢并收下最后一双鞋。之后，他将这双鞋拿到集市上，换回五百钱；然后，他去铁匠铺打了两把小铲。

五月初，榆钱熟了，满城都是，窦乂收聚了十多斗榆钱，然后对伯父说："我想借庙院一用。"伯父答应了他。然后，窦乂每天都会用两把小铲在院里挖沟、打水、浇灌、播种榆钱。等到秋天，居然长出一千多株高一尺多的小树苗。

到了第二年，榆树苗已经长到三尺多高。窦乂留下枝条苗壮直挺的，将其他小榆树砍下，绑了一百多捆，每捆卖了十多枚钱。

第三年秋后，有的榆树苗已经长得如鸡蛋般粗。窦乂又砍了两百多捆榆柴，到集市上售卖，获得数倍利润。

五年后，当年种植的小榆树苗长大成材，他砍伐了一千多根盖房屋用的椽材，卖得三四万钱；同时，还得到一千多根造车的木料。

种树五年，窦乂积累了第一桶金。然后，他购买了一些蜀郡青麻布，雇人缝成小布袋；同时，又购买了几百双新麻鞋。接着，他将附近的小孩召集来，发给他们每人三张饼和十五文钱以及一个小布袋，让他们拣拾槐树籽。不到一个月的时间，就收集了两车槐树籽。然后，他让孩子们捡拾破旧的麻鞋，每三双破旧麻鞋换一双新麻鞋，仅用了几天时间，就换回一千多双旧麻鞋。

窦乂在西市购买了几石油靛，雇用厨役煮熬。同时在坊门外买下几堆遗弃的碎瓦片，雇人在流水涧清洗泥滓。接着，窦乂又购置了五具石嘴碓和三具锉碓。按日结算酬劳，雇人用锉碓锄切破麻鞋，用石嘴碓捣碎瓦片。然后，用疏布筛子筛过，和上槐子、油靛，将其捣烂。捣成乳状后，做成长不超三尺、圆径为三寸的长棒数万条，它们可以用来烧饭，火力比柴薪高一倍，称为"法烛"。建中初年（780年）六月，大雨频发，干柴的价格上涨，窦乂拿出自己生产的"法烛"，每条售价百文，获得巨额利润。

如此，窦乂就从"个体户"变成了"制造业企业家"。

★谭记商号的谭和甫

唐朝时期，成都有一著名商贾，叫谭和甫，其经营的谭记商号是当时著名的川内外物资集散地。

谭记商号位于成都闹市，有几个相邻的门面，分别经营酒、茶、丝绸和纸张等蜀地土特产。

他最初在成都只有一间小店铺，经营采自名山县（位于今四川雅安）蒙顶山的茶叶，该茶叶曾经被诗人白居易称赞："琴里知闻唯渌水，茶中故旧是蒙山。"

为了经营好茶叶，谭和甫带着几个伙伴，奔走他乡。当时，如果贩运茶叶到江南，在成都城外的岷江支流上，有发往岷江下游乐山的船只；到了乐山，再转乘大船，抵达数千里外的江南。

但如果是到首都长安，就需要长途跋涉。不过，这时候的长途跋涉比较有安全保障，官道的维护也不错。骑马20多天，就能从成都的驷马桥到长安的朱雀大街。

谭记商号的蜀地特产，不仅行销长安、洛阳、扬州等地，还经由南方丝绸之路远销国外。特别是店里光滑的丝绸锦缎，甚至成了"成都繁华"的代名词。

★靠贩卖琉璃起家的王元宝

王元宝，是唐朝开元年间人，靠贩运琉璃起家。对于他的发迹史，唐代李亢在《独异志》中有所记载：

开元间，有长安贩夫王二狗者，尝往返淄郡贩丝，微利也。一日，孤馆遇盗，财物尽失。二狗叹曰：天不助我。遂悬梁欲自尽。冥冥中见一老者，锦衣玉带，头戴朝冠，身穿红袍，白脸长须，温文尔雅，左手"如意"，右手"元宝"，高祖赐封财帛星君李相公是也。星君曰："尔当大富贵，岂可轻生！不闻淄州出琉璃乎？"又舍元宝一枚，乃去。二狗遂贩琉璃，成长安首富。又感念星君所赐，易名元宝。

翻译成白话文大意就是：

王元宝的原名叫王二狗，开始的时候是一个小贩，主要贩卖丝绸，但利润不高。有一天，王二狗在一家旅馆内遇到几个贼寇，偷走了他的所有财产。身无分文的王二狗走投无路，想要上吊自杀。

这时，他突然看到一个身穿红袍、有着长胡须的老者，这个老者就是财神。财神看到王二狗说，他将来一定能大富大贵，便提醒他淄州盛产琉璃，还给他留下一枚元宝。之后，王二狗开始贩卖琉璃，经过一段时间的努力，就成了长安首富。为了表达自己对财神的感谢，他改名为王元宝。

虽然当时的商人不被人尊重，王元宝却有机会与唐玄宗交谈。有一次，唐玄宗询问王元宝：你究竟有多少财产？王元宝回答："臣请以一缣系陛下南山一树，南山树尽，臣缣未穷。"意思是，如果我在南山上的每一棵树上都挂一条绢布，即使南山上所有的树都被挂满，我的财产也不会穷尽。王元宝的财产之多可见一斑。

唐玄宗甚至感叹过："我闻至富可敌贵。朕天下之贵，元宝天下之富，故见耳。"意思是，唐玄宗是全天下最尊贵的人，王元宝是全天下最有钱的人，王元宝凭借天下无人能及的财富，得到了唐玄宗的认可。

第五章
宋朝：品牌意识的爆发

商业革命爆发，品牌发展超出以往

美国历史学家斯塔夫·里阿诺斯认为，宋朝时期确实发生了一场名副其实的商业革命。

宋朝时，国家划定的由市场统一管理的市肆被取消，市坊制度被打破，城乡市场的联系加强。广告业开始发展，带有品牌意识的广告遍布城乡。南宋吴自牧在《梦粱录·铺席》中记载："向者杭城市肆名家有名者，如中瓦前皂儿水，杂货场前甘豆汤、戈家蜜枣儿，官巷口光家羹，大瓦子水果子，寿慈宫前熟肉，钱塘门外宋五嫂鱼羹，涌金门灌肺，中瓦前职家羊饭、彭家油靴，南瓦子宣家台衣、张家元子，候潮门顾四笛，大瓦子邱家筚篥。"足见当时品牌的繁荣。

该时期，广告业发生了巨大的变化，鲜明的带有品牌意识的广告出现在城乡街头，口头广告更加丰富多彩，招牌广告异彩纷呈，铺面装修独具特色。

同时，品牌的设计与装潢，也变得雅致起来。

开封出现了临街而立的商店和作坊，商业更加繁荣。从《清明上河图》中可以发现，宋朝人对商品的需求，无论是种类还是数量，都比前朝有了更大的发展。东京汴梁的茶楼酒肆、梨园青楼等如雨后春笋般涌现；民间对丝绸、茶叶、书籍、纸张等奢侈品的消费潜力被充分挖掘。同时，人们更加关注休闲文化，现代意义上的"服务业"在宋朝发展到了极致。

从反映流通领域商品价值量的货币总供给来看，北宋中期以后平均每年的铸币量都超过唐朝几十年铸币量的总和。可以想象，当时以交换为目的、进入流通领域的商品数量是何等惊人！据载，北宋时期，仓库内存放的雨衣和帐篷，破损量多达"数万段"，财富集中和仓储的丰富由此可见一斑！

宋朝商业的繁荣是全方位的，不仅商品种类繁多，且国内贸易、边境贸易和对外贸易都很繁荣，跟南太平洋、中东、非洲、欧洲等50个国家和地区实现了通商。此外，南方城市的商业也得到很大的发展。北宋熙宁年间，全国约有2000个镇市，多数具有政治和经济双重意义，为了方便交易，许多市民举家迁居到城市，形成了商业城市的雏形。

北宋时，都城开封是世界上最大的城市，鼎盛时期人口多达150多万，《东京梦华录》形容其为"市井最盛""不可驻足"。城市里夜以继日，人来人往，叫卖声不断，商店绵延不绝……纵贯南北的御街两侧，布满了酒楼和茶馆店铺；城里则设置了瓦肆、勾栏等娱乐场所，最多可以容纳数千人，唱戏的、说书的，林林总总。

两宋时期，随着城市和市镇的繁荣，还出现了世界上最早的纸币；政治、经济、科技、文化等齐头发展，为品牌的发展提供了空间，广告形式和内容也更加丰富，远超过去，具体表现在以下三个方面。

（1）带有品牌意识的广告遍布城乡。例如，丰富多彩的口头广告、图文并茂的招牌广告。这一点，从宋代张择端的名画《清明上河图》中可以窥到一斑。在这幅画上，布满了招牌广告，有横的，有竖的；有文字的，有图案的。仅汴梁城东门外十字路口附近就出现了 30 多块招牌、横匾、竖标和广告牌等，如酒楼"孙羊店"、卖香料的"刘家上色沉檀拣香"、医馆"赵太丞家"等。其中，"刘家上色沉檀拣香"是刘姓人家经官府特许专营的香铺，有上好的沉香、檀香、乳香等香材。

（2）品牌设计与装潢的要求提高，变得异常雅致。孟元老《东京梦华录》中的"凡京师酒店，门首皆缚彩楼欢门"就是例证。同时，铺面招牌工艺精细，店面装潢也日益雅致，例如，宋朝鼎盛时期的丰乐楼共有三层五楼，分别连着飞桥栏槛，明暗相通，珠帘绣额，灯烛晃耀；杭州的酒楼则使用各色花朵、名人字画等进行装饰。值得一提的是广告的印刷，随着纸张与活字印刷术的出现，一种新的广告形式在宋朝出现，广告内容除了工匠的籍贯、姓氏，还有生产作坊的记号、产品介绍等。

（3）广告雕刻的出现和延伸。随着造纸术、印刷术的发明及应用，接连出现了很多具有明显品牌指示的品牌广告；同时，品牌理念与品牌设计发展成熟，人们对品牌的主要功能与传播目的有了比较清晰的认识。1946年，历史学家杨宽和上海博物馆艺术部主任蒋大沂到古玩店闲逛，无意中看到宋代"济南刘家功夫针铺"的印刷广告铜版，意外地发现了我国最早的铜版广告印刷作品。南宋时期，品牌现象继续发展。有一幅南宋时的广告画：两个身穿戏服的人，一人用手指着右眼，示意眼有恙；另一人则手执一瓶眼药请他使用。虽然这是杂剧《眼药酸》的宣传册页，但主诉品牌"眼药酸"形象醒目，画面逼真，诉求准确，品牌效应明显。

品牌宣传载体

◎印章

1972 年，陕西扶风县城关镇下河村宋墓出土了一枚独特的石家湖州镜。这是一枚北宋航海铜镜，收藏在扶风县博物馆。

该镜直径 17.8 厘米，重 600 克。镜背有一个半球形钮，钮面点缀着星云，钮外雕刻着海上航船图案；纹样流畅，代表了起伏的波涛。画面中，一单桅杆帆船披荆斩棘地航行在波涛中，船头有三个人并立而望，船尾有两个艄公正在用力划桨，船舱口探出几个人头……图案生动，布局紧凑，是一幅海上远航图。

此外，还有一种印刷广告。

印刷广告主要由文字和图形两大部分构成，文字包括标题、正文、标语、附文等要素，图形包括绘画、图案、商标、图样等要素。作为先进的广告形式，最终目标是促使消费者购买商品。

迄今为止，世界上最早的印刷广告实物是北宋时期的"济南刘家功夫针铺"的"白兔儿"铜版。

这块铜版长 12.4 厘米、宽 13.2 厘米，其上部文字为"济南刘家功夫针铺"；中部是店铺标记"白兔捣药图"，文字为"认门前白兔儿为记"；下部文字为"收买上等钢条，造功夫细针，不误宅院使用，转卖兴贩，别有加饶，请记白"。

这则广告图文并茂，内容翔实，文字简洁，交代清楚了产品质量、服务对象、经营方式和促销手段等内容。这种"别有加饶"的折让销售，可以鼓励客商批量购进，扩大市场范围。

◎商标

宋朝的商家都非常注重宣传，商标代表了一种认可或信誉。

关于商标的设计，观察《清明上河图》可以发现，店铺门口的商标各式各样，可见，这时商标已经成为一种普遍的广告宣传工具。

◎彩楼

宋朝的人们已经意识到店面装饰的好坏会直接影响经济效益，有些商铺会在门前用竹竿搭成牌楼，挂满璎珞和彩球，叫作"彩楼欢门"。这是一种彩楼广告，可以让人们更好地识别店铺，过目难忘，同时还迎合了人们追求雍容华贵的心理。

"彩楼欢门"由竹木与彩帛搭建，宋朝时期被酒铺用作广告装饰。当时，人们只要看到彩楼欢门，就可以判定那是一家酒楼，往往越高级的酒楼彩楼欢门越豪华。

《清明上河图》中的"孙羊店"，彩楼欢门高两三层楼，非常气派。虹桥附近有一家"脚店"（宋代指小型酒铺），也有明显的彩楼欢门。《清明上河图》中有6家店铺搭彩楼欢门。

店家的资本不一，彩楼欢门的规模也就不同，装饰程度也不同。比如，资本雄厚的酒楼屋宇壮阔，为多层楼建筑，为了招徕顾客，店家不惜用重金装饰门店，门前搭建的彩楼欢门一般都非常豪华。

◎灯箱

灯箱是一种古老的广告载体，在《清明上河图》里就出现过立体灯箱招牌。

在《清明上河图》中，共有3块立体招牌，分别写着"孙羊"、"正店"和"香醪"字样。其实，这3块立体招牌就是灯箱广告。这些广告牌使用了照明技术，里面放有蜡烛，夜间明亮照人，特别引人注目。

如今，在许多城市依然保留着这种古老的广告形式，风味十足。

◎诗歌广告

宋代大诗人苏东坡的诗，不仅具有极高的艺术价值，还有神奇的广告作用。

苏东坡曾为一卖饼老婆婆写了一首广告诗："织手搓来玉色匀，碧油煎出嫩黄深。夜来春睡知轻重，压匾佳人缠臂金。"寥寥28字，勾画出环饼匀细、色鲜、酥脆的特点。卖饼老婆婆将诗裱好，悬挂在小店店堂上，顾客盈门，生意兴隆。

品牌营销

宋朝品牌营销的方法主要有吆喝叫卖、名人营销、姓氏广告、关扑、特色营销、"撒暂"等。

◎吆喝叫卖

商业贸易出现了日市、晓市和夜市的分化，商品买卖昼夜不绝，只有凌晨0~3点人少一些，过了早上5点喧闹声又会出现。小商小贩走街串巷地做生意，各处叫卖声不绝于耳。

宋孟元老的《东京梦华录》有过详细记载："……又有小儿子，着白虔布衫，青花手巾，挟白磁缸子，卖辣菜。""市人卖玉梅、夜蛾、蜂儿、雪柳、菩提叶、科头圆子、拍头焦半。""是月季春，万花烂漫，牡丹、芍药、棣棠、木香，种种上市。卖花者以马头竹篮铺排，歌叫之声，清奇可听。"

行商叫卖，需要商家扯嗓吆喝，不仅费力气，声音也传不远，于是就衍化出各类具有专业特色的音响广告，摇、打、划、吹等各种器具，发出不同的声响。

宋高宗绍兴年间，杭州城里出现了售卖"梅花酒"的店铺，用鼓、笙、唢呐、梆子等乐器演奏家喻户晓的《梅花引》。

◎名人营销

有些名士会为商家代言。其中，广告词写得最多的是苏东坡。

在苏东坡所推广的食品中，影响最大的还是猪肉。当年苏东坡因为"乌台诗案"被贬湖北黄州，生活相当清苦。当地肉价便宜，苏东坡视之为美食，不仅带头吃猪肉，还大力推广吃猪肉的好处和做法，写下了著名的《猪肉颂》：

净洗铛，少著水，柴头罨烟焰不起。

待他自熟莫催他，火候足时他自美。

黄州好猪肉，价贱如泥土。

贵者不肯吃，贫者不解煮，

早晨起来打两碗，饱得自家君莫管。

◎姓氏广告

随着经济发展，为了维护商业信誉，保持传统特色，有些店铺会使用姓氏作字号，于是就产生了姓氏广告。北宋汴京的小吃店大多用姓氏作字号，如"北食则矾楼前李四家""南食则寺桥金家""九子曲周家""曹婆婆肉饼""王婆子药店""张三饭庄"等。

宋代，陶瓷产品上也流行姓氏广告，最具代表性的是磁州窑瓷枕。据不完全统计，当时烧制这类瓷枕的厂家有"张家""赵家""李家""王家"等，其中张家的规模最大、声誉最好，是磁州窑的名牌产品。

此外，有些广告会将姓氏与用途结合在一起；有时也会省略姓氏，直接标明产品的功用。比如，长沙铜官窑址出土的注壶，就写有"陈家美酒"，表明这是一个陈姓制酒者或酒铺经营者所做的。此外，在该窑址中还有一个比较特殊的碾槽，由瓷泥烧制，呈长方形，侧面刻有"瓦货老行"四字，表面用酱釉覆盖。这四个字可能就是瓷器商家的招牌名。

◎ 关扑

随着商品交易的繁荣，商家的促销手段也越来越高明，诞生了一种新的营销方式，即"关扑"。

关扑，就是我们今天所说的幸运大转盘，顾客把飞镖投向旋转着的八卦盘，如果飞镖正好扎中事先约定的图案，顾客就算赢。

当然，宋朝关扑的精髓在于，如果想参与，需要给店家抵押一定的钱或物品。如果顾客赢了，就可以拿走店主押的东西；反之，钱物就要归店家。一时间，关扑成为火爆的营销方式，尤其是在特殊节日，有些人甚至将自己的车马、房屋、员工等赔进去。

这种方法类似于"双十一"整点秒杀，有效抓住了人们喜欢讨便宜、碰运气的心理。

据《梦粱录》记载："街坊以食物、动使、冠梳、领抹、缎匹、花朵、玩具等物沿门歌叫关扑。不论贫富，游玩琳宫梵宇，竟日不绝。"不过，由于这种营销方式具有一定的赌博性质，受到宋朝政府限制，只有在元旦、寒食、冬至这三天才能开展。

◎ 特色营销

为了吸引人们消费，宋代酒楼各显其能。比如：白矾楼酒店，开张时采用了"先到者赏金旗"的方法；东京的白厨、西安州巷张秀、保康门李庆家等，以美肴佳馔吸引顾客；州桥炭张家、乳酪张家则用品质好的腌菜、好酒来吸引顾客。当然，多数酒楼都研发了自己的特色美酒。

此外，还有在门面装潢和店内装饰等方面下功夫的，比如酒楼的门首一般都会扎上彩楼欢门。如果遇到节日，酒楼会重新装饰，甚至装饰只有贵胄才能使用的藻井（我国传统木构建筑的顶部装饰，在中国古代的宫殿、寺庙等建筑中多次出现，有较为重要的地位）。

◎ "撒暂"

简而言之，就是先尝后给钱。

在饮食行业里，很多商贩会让顾客先尝一点儿再决定是否购买；或者让顾客先消费，吃完再给钱。据《东京梦华录》载："又有卖药或果实萝卜之类，不问酒客买与不买，散与坐客，然后得钱，谓之'撒暂'。"

有些小贩在酒楼茶铺里兜售果子干货，不问客人要不要，直接分成小份分发给每桌客人，这一行为就叫作"撒暂"。尝过之后，如果想买却没钱，还可以赊账或用物品抵押。

品牌代表

宋朝的商人和品牌代表主要有"祝半州"、谢国明等，他们都创造了巨大的财富，促进了当时经济的发展。

★ 乐善好施的"祝半州"

朱熹是南宋著名的理学家，他的外祖父是一个资产雄厚的大商人，姓祝名确，人称"祝半州"。

"祝半州"是当时最有名的商人之一。史料称，"祝半州"待人亲和，助人为乐，在百姓间有着极好的口碑，主要经营商栈、邸舍（旅店）、酒肆。他的资产几乎覆盖了半座州郡。

★ "商人领袖"谢国明

根据日本僧人大完圆证撰写的《谢国明之碑文》推算，谢国明出生于南宋绍熙四年（1193年）的浙江临安府（今杭州）。

由于南宋境内不安定，部分商人开始关注海外贸易，促进了海外贸易的发展。谢国明前往日本博多，从事经商活动。他通过不懈的努力，凭借独特的经商头脑，成了商人中的领袖，在日本被称为"船头"和"纲首"。

之后，谢国明在小吕岛上修盖房屋和仓库，作为商业贸易的一个据点。谢国明很快熟练掌握了这种贸易模式，积累了巨额财富。

博多人民对谢国明抱有感激之情。据说有一年遇到天灾，谢国明不仅将面粉分给了饥饿的博多人民，还教给他们面条的做法：先在面粉中放些盐，再用温水调匀，用刀切成条，最后在沸水中煮熟。之后，谢国明还在博多承天寺开设了安济坊，把药品散发给百姓，并开办法会，为百姓祈福，当地人都感激他的义举。

此外，对于增进中日两国人民友谊的事业，谢国明也大力支援。当时，日本禅宗的圣一国师圆尔自宋朝返回后，在谢国明的支援下，在博多修建了承天寺，为中日佛法交流做出了卓越贡献。

1280 年，即南宋王朝灭亡的第二年，88 岁的谢国明病死在博多。为了表达对他的感激和怀念，当地人在他的墓地上种了一棵楠树，楠树长大后把墓全部包裹住。日本人认为，它是谢国明转生寄托的灵物，称它为"大楠样"。直到今天，这里的百姓依然会举行"大楠样千灯明祭"。

第六章
元朝：商业品牌的不断拓展

各行业充分发展，商业品牌林立

元朝的创立者是蒙古族人忽必烈，也是中国历史上第一个由少数民族建立的大一统帝国。元朝疆域规模空前，不断开拓的对外关系以及畅达四方的水陆交通，为商旅提供了商业发展的优越条件。

蒙古族人的生活非常依赖商品交换，因此元朝鼓励商业发展，商品经济十分繁荣，是当时世界上相当富庶的国家。当时的元大都、杭州、泉州等城市，都是闻名于世的商业都市。

1. 元朝手工业的发展

（1）棉纺织技术的革新。元朝时期，我国南北各地逐渐推广棉花的种植。随着南方农业的发展，南道棉的产区迅速扩大；同时，在北方陕甘一带也开始大量种植棉花。当时，棉纺织业的中心在松江的乌泥泾（今上海徐汇区）。这里也是元初棉纺织革新家黄道婆的故乡。黄道婆早年流落于海南岛，从黎族人民那里学到了先进的棉纺织技术。在 1295 年前后，她返回松江，同时带回来先进的技术和改进工具。比如，原来纺纱使用的单锭纺车，改为三锭纺车；原来弹棉花使用的小竹弓和手指，改为大弓椎击法；在织染方面，她还使用错纱、配色、综线等方法，织出了多种美丽的图案……这些技术改进，满足了当时棉纺织业发展的需要，使松江一带棉纺织业获得了"松郡棉布，衣被天下"的美誉。

（2）精美丝织品的出产。元代官私丝织业有了很大的发展。官办丝织业，以平江、杭州、成都等三处的丝织院为代表，各有织机数百台，工匠数千人，劳动分工比较细致。此外，全国各地还遍布着大大小小的织染局，例如福建提举司，每年都能织缎3000匹以上。私营丝织业发展也很快，在元末至正年间杭州已经出现了拥有四五架织机、雇工十几人的丝织业手工作坊。织工每天都会劳动到二更天，技艺较高的织工还能获得高额工资。此时的丝织业在技术上进行了革新，特别是回鹘工匠创造了加金技术。这些工匠可以制造一种被称为"纳失失"的金锦，由金线和丝线交织而成，上面贴有大小各异的明珠，异常精美。

（3）制瓷业的兴盛。元代制瓷业在前人的基础上有所发展。根据色釉的不同，可以分为青花、釉里红、红釉、蓝釉等品种，丰富多彩。各地瓷窑的规模进一步扩大，据载：当时一共有300多座瓷窑在生产，例如龙泉窑、钧窑和定窑。江西景德镇是全国最大的制瓷中心，以生产高质量的青白瓷著称。为了烧制进贡的御器，元政府在景德镇设立了浮梁瓷局管理官窑，因瓷器内都有"枢府"字样，故又称"枢府窑"。

随着各地瓷窑的兴建，瓷器产量逐年上升，除供应国内的需要外，产品还远销朝鲜、日本、南洋和中亚各地。

2.元朝交通的发展

（1）高效的驿站体系。元朝疆域辽阔，为了更加方便联络，设立了驿传机构与制度。以元大都为中心修筑了四通八达的驿道，全国约设驿站1500处。当时，草原地区的驿站归通政院管辖，中原地区的驿站则归兵部掌管。元朝的驿传制度，保证了全国联络的通畅，促进了经济的发展。

（2）畅通的河运和海运。元朝在今山东临清、济宁之间先后开凿了济州河和会通河，在今北京开凿了通惠河，造就了一条自元大都出发，经由通惠河、白河、永济渠、会通河、黄河等直达杭州的南北大运河。该大运河沟通了海河、黄河、淮河、长江和钱塘江等五大流域，成为当时南粮北运、公私商旅往来的主要水运通道。此外，为了方便南粮北运，元政府还开辟了一条海运航线。这条航线从今江苏省太仓市刘家港入海，向北绕过山东半岛，抵达今天津地区。海船循此路线航行，自浙西至京师，不过十天，大大节省了途中的时间。

3. 元朝的海外贸易与商业都市

元朝海外贸易异常发达，管理海外贸易的机构被称为"市舶提举司"，简称"市舶司"。元政府先后在泉州、庆元（今浙江宁波）、上海、澉浦（今浙江海盐）、温州、广州、杭州等地设立了7个市舶司。泉州是当时最大的对外贸易商港，出口大量的瓷器，进口珠宝、钻石、丁香、胡椒、豆蔻等。

元大都不仅是元朝的政治中心，还是当时世界著名的经济中心之一，东南亚、中亚、东欧、非洲海岸等各地的商人纷纷来到元大都，这里的货物之多，世界诸城都不可比拟。

杭州原是南宋的都城，其商业繁荣的情景与元大都差不多。《马可·波罗游记》中关于杭州的内容占了很大的篇幅，他将杭州称为"行在"，并将其解读为"天城"，认为杭州是世界上最雄伟、壮丽的城市。

品牌宣传载体

元朝品牌宣传的载体主要有幌子、门面、包装纸、诗歌等。

◎幌子

幌子的运用，在文学作品中可见一斑。

元杂剧《郑孔目风雪酷寒亭》中有唱词："满城中酒店有三十座，他将那醉仙高挂，酒器张罗。"

《包待制智勘后庭花》有："酒店门前七尺布，过来过往寻主顾。"

元人所著《析津志》中记述："医小儿者，门首以木刻板作小儿，儿在锦棚中若方相模样为标榜。又有稳婆收生之家，门首以大红纸糊篾筐大鞋一双为记，专治妇人胎前产后以（一）应病征（症），并有通血之药。而生产之家，门悬草圈，上系以红帛，则诸人不相往来。""医兽之家，门首地位上以大木刻作壶瓶状，长可一丈，以代赭石红之……灌药之所，门之前画大马为记。"

为了招揽顾客，有些出售小商品的店铺还会将商品做成"夸张甚巨"的大剪刀和大瓶药酒，摆放到店铺门口或柜头。

◎门面

据《析津志》记载，元朝"酒槽坊"（酿酒兼卖酒的）的门面广告装饰非常讲究：

酒槽坊，门首多画四公子：春申君、孟尝君、平原君、信陵君。以红漆栏杆护之，上仍盖巧细升斗，若宫室之状；两旁大壁，并画车马、驺从、伞杖俱全。又间画汉钟离、唐吕洞宾为门额。正门前起立金字牌，如山子样，三层，云黄公垆。夏月多载大块冰，入于大长石枧中，用此消冰之水酘酒，槽中水泥尺深。

人们从这里经过时，即使不喝上几杯美酒，也会留下深刻的印象。

◎包装纸

1985 年，考古人员对湖南省的一座元代墓葬进行发掘，发现了惊人一幕：墓葬里出土了两张印有漆器产品广告的包装纸。这两张"广告纸"印着元代潭州"门首红字高牌为记"油漆店的产品介绍，鼓励人们"请将油漆试验，便见颜色与众不同"。该"广告文案"即使放在现代，也是行业范本。

◎诗歌

元曲名家李德载曾应邀为一家茶馆写过十首《阳春曲》，其中之一为："金芽嫩采枝头露，雪乳香浮塞上酥，我家奇品世间无。君听取，声价彻皇都。"意思是，我店里供应的茶叶就像嫩"金芽"尚带枝上的露水，异常新鲜；用好水一泡，像塞外乳酥一样的乳白水泡就会漂浮上来，茶香四溢，多么美妙。如果不信，请去打听打听，整个皇都都知道我们茶馆的名声。

还有一首写道："茶烟一缕轻轻飏，搅动兰膏四座香，烹煎妙手赛维扬。非是谎，下马试来尝。"古人喝茶一般都重视烹煎技术。"非是谎"之语，与当今市场上能够听到的"灵不灵，当场试验""走过路过，不要错过"等有异曲同工之妙。

品牌营销

元朝品牌营销的方法主要有吆喝叫卖、响器广告、演出广告、征稿广告等。

◎吆喝叫卖

《析津志·岁纪》记载：七月七，"市人又多以小扛车上街沿叫卖"；九月九，"亦于阛阓中筶筊芦席棚叫卖"。

◎响器广告

《析津志》中记录了很多元代北京的风物人情。书中谈到街头卖吃食的小贩时，有这样的记述：街市贩子"诸蒸饼者，五更夙起，以铜锣敲击，时而为之"。也有人敲击木鱼。

◎演出广告

戏曲的发展带动了演出广告的发展。山西省洪洞县现存的一堵元代壁画，对杂剧演出进行了描绘，广告有"尧都见爱大行散乐忠都秀在此作场"，还写有绘制日期。

这类戏曲演出广告，共有两种形式：一种是招贴式海报，另一种是擦抹涂改的粉牌。

◎ *征稿广告*

元至元二年（1336年）雕版印制的《元诗》一书附有一则征诗广告："本堂今求名公诗篇，随得即刊，难以人品齿爵为序。四方吟坛多友，幸勿责其错综之编。倘有佳章，毋惜附示，庶无沧海遗珠之叹云。李氏建安书堂谨咨。"这很可能是目前所能看到的最早的古代征稿广告。

品牌代表

元末明初，商人和品牌的代表当数"江南首富"沈万三。

沈万三，本名沈富，字仲荣，号万山，是元末明初的江南巨富。沈万三以周庄为基地，凭借三江的便利，利用海外贸易积累了大量财富，成为江南第一富豪。

沈万三随父亲来到周庄，刚开始沈家耕种的是一片低洼地，主要出产芦苇和茅草，后来经过沈家的努力，这片土地变成了产量颇高的熟地。然后，他们"好广辟田宅，富累金玉"，以致"资巨万万，田产遍于天下"。周庄八景之一"东庄积雪"，描绘的就是沈氏庄园当年的景色。

年轻时，沈万三与父亲帮助江南富翁陆德源理财。陆德源多年在商界拼杀，年老后迷恋佛道，最后打算出家。他没有子女，考虑到自己手里的巨额财产如果不传给别人，一旦时局动荡，反而会酿成祸害，于是想到了沈万三。他很欣赏沈万三的聪明才智和经商信用，便将自己的财产都赠送给了沈万三，自己去澄湖边的开云馆当了道士，直到寿终。

得到了陆德源的这笔巨资，沈万三如虎添翼。他一边开辟田宅，一边将水路交通发达的周庄作为商品贸易和流通的基地，把内地的丝绸、瓷器、粮食和手工艺品等运往海外，又将海外的珠宝、象牙、犀角、香料和药材运回中国，开始从事对外贸易活动，很快就成为江南第一豪富。

沈万三后来在苏州定居，发现城中心的玄妙观四周每天香客和游客络绎不绝，到处都是杂耍艺伶和小摊小贩，但由于道路狭窄，行人车马经常阻塞。他想如果将道路拓宽，既能方便行人车马，又能把建成的店铺租赁给客商，招徕交易；庙宇旁的乐坊，还可供客人娱乐。于是，他用茅山石铺平了街道，与古城小桥流水的风貌相得益彰，深得百姓的赞誉。

到明初，朱元璋准备在南京建都，扩建应天城，但由于战事频繁，开支浩大，没钱修城墙。沈万三不仅修筑城墙和有关设施，还修筑了廊庑1654楹、酒楼4座，耗费的钱财不计其数。最终，沈万三负责督建的城墙比皇家修筑的城墙提前三天完成。让皇帝觉得很没面子。之后，他向朱元璋提出，打算出百万两黄金替皇帝犒赏三军。朱元璋龙颜大怒，没收了他的家产，将他发配云南边陲充军，一代巨富就此陨落，令人惋惜。

第七章
明朝：品牌发展空前繁荣

经济更加发达，品牌更有个性

明朝末年，资本主义生产关系开始萌芽，商品经济较以前更为发达，出现了具有一定知名度和影响力的老字号。

据明万历十六年（1588 年）对商铺的统计，仅顺天府宛平、大兴两县就有"上中二则"铺户数万户，老字号不可计数。在明代画卷《南都繁会景物图卷》中出现了诸多招牌，如"涌和布庄""立记川广杂货""网巾发客""鞋靴老店""弓箭盔缨""名茶发客""枣庄""古今字画""浴堂"等。

一些知识分子开始涉足广告领域，诞生了一批有内涵、有个性的品牌。明朝中后期，农业和手工业生产高度发展，商品生产空前繁荣。河南是重要植棉区之一。河南巡抚钟维新上奏称："中州沃壤，半植木棉，乃棉花尽归商贩。"所谓"尽归商贩"就是产品全部投入市场，可见，当时的河南植棉业已经属于商品生产。

《锡金识小录》记载了这样一个故事：

明末书画家董其昌听取家馆先生的建议，穿了一件用松江产的紫花布缝制的道袍。这种布料本来是用来制作参加葬礼时穿的衣服的，但由于他在当地比较出名，竟然被人们争相模仿，布价骤然上涨，织布的机户得到很大的好处，机户们为了表示感谢，送给家馆先生很多金银。

故事中提到的"机户"就是织棉布的商品生产者。

《浙江通志》中有记载：嘉善"地产木棉花甚少，而纺之为纱，织之为布者，家户习为恒业，不止乡落，虽城中亦然"。为此，商人便从周围的城郡买来棉花，在这里设店销售。

"小民以纺织所成，或纱或布，清晨入市，易棉花而归，仍治而纺织之，明旦复持以易，无顷刻闲。纺者日可得纱四、五两，织者日成布一匹。燃脂夜作，男妇或通宵不寐。田家收获输官偿债外，卒岁室庐已空，其衣食全赖此。"这里的"田家"和"小民"虽然只把纺纱织布当作副业，但其产品全部作为商品进行销售。这种生产就是货真价实的商品生产。

当时，湖州是蚕桑业的中心之一。按照明末朱国桢所述："湖之畜蚕者多自栽桑，不则予租别姓之桑，俗曰秒叶。凡蚕一斤，用叶百六十斤，秒者先期约用银四钱。既收而偿者，约用五钱。再加杂费五钱。蚕佳者用二十日辛苦，收丝可售银一两余。""本地叶不足，又贩于桐乡、洞庭，价随时高下，倏忽悬绝。谚云：仙人难断叶价。故栽与秒最为稳当，不者谓之看空头蚕。"可见，它也是商品生产。秒桑和丝价都相对稳定，商品生产的发达程度由此可见一斑。而"看空头蚕"的人，遇到桑叶"价随时高下，倏忽悬绝"的问题，是商品流通中供求规律发生作用的反映，从另一个角度表明了湖州蚕桑业的商品生产性质。

苏州丝织业的商品生产性质十分明显。正德《姑苏志》载：苏州一带居民，"工纂组，故男藉专业，家传户绩，不止自给而已"。所谓"不止自给而已"就是指部分产品甚至大部分产品都要用来销售。《醒世恒言》还具体描述了苏州附近盛泽镇居民出售丝织品的情形："镇上都是温饱之家，织下绸匹，必积至十来匹，最少也有五六匹，方才上市。那大户人家积得多的便不上市，都是牙行引客商上门来买。"不同规模的丝织业商品生产由此可见一斑。

商品生产的发达，使投入市场的商品数量大大增加；再加上以自给为主要目的的生产，将多余产品投入市场，于是明代中后期，品牌发展空前繁荣，具有一定知名度和影响力的品牌开始出现。同时，随着文人的进入，有内涵、有个性的品牌逐渐出现。

例如，提到"六必居"，估计很多人都知道。尤其是在早年的酱菜领域，"六必居"更是占据了半壁江山。"六必居"名字的由来，还非常有趣。

据史料记载，"六必居"刚开始创业时，一共有6个股东。为了提高档次，股东们决定起一个好的店铺名称，于是，便通过他人的引荐，认识了当时的宰相严嵩。严嵩得知了各股东的投资情况下，想出了一个名字，即"六心居"，意思是6个人一起开店。店家收到这个铺名后，非常感谢严嵩，很快就将其做成牌匾，挂在店铺的显眼位置。"六心居"的酱菜做得用心，在京城的名气越来越大，因为味道可口，深受老百姓的欢迎，就连王公贵族也都赞不绝口。

不过，嘉靖皇帝看到"六心居"三个字，觉得开门做生意，讲究的是齐心协力，但"六心居"这个名字，却让人觉得离心离德……

　　嘉靖皇帝提笔将"心"字改成了"必"，"六心居"变成了"六必居"。虽然只多了一笔，却是点睛之笔。如此，原本普通的酱菜铺子，得了皇帝的御赐题名，身价立刻攀升。自此，"六必居"扬名天下，至今长盛不衰。

　　这是自品牌出现后，我国第一个注册防伪行为。虽然此时的注册还不是严格意义上的具有法律效力的行为，但开了一代风气之先。

品牌宣传载体

明朝品牌的宣传载体主要有幌子、招牌、印刷物、诗词等。

◎幌子

幌子是明代广告的重要形式。明代的招幌广告不仅注重内容，更重视广告背后的文化内涵，广告背后都有一个文化故事，如关于酒铺招幌广告的"太白遗风"和"飞花醉月"等故事。关于"太白遗风"的一种说法是，李白酷爱喝酒，忧愁时会"举杯浇愁愁更愁"，孤单寂寞时会"举杯邀明月"，酣畅淋漓中会呼喊"今朝有酒今朝醉"……以此为名，就能借李白的雅号吸引顾客。

◎招牌

明朝的店铺都非常注重店名招牌，且店铺开张，都要大肆宣传。

比较典型的招牌样式为冲天招牌，一般都竖立在门前当街，将两片长条石深埋地下，两石之间会夹竖一个很长的黑漆金字招牌。石条有洞，可以把招牌拴紧；招牌很高，远远就能望见。

◎印刷物

随着明代印刷术的发展，印刷业飞速发展，很多广告便依托印刷业而发展。该时期的书坊一般采用两种方式进行广告宣传：一种是以插图的方式在书籍中插进广告，图文并茂；另一种是在书籍的首尾插入广告。

印刷的规模和质量等都有了很大提高，各种派别和风格的印刷应运而生。例如，利用铜活字印刷术比较有代表性的广告形式是书刊广告和招贴广告。

◎诗词

中国古代诗词广告有两种基本形式：一种是在诗词中提及广告现象，另一种是用诗词来宣传商品和服务特色。例如，《水浒传》中的"莲花荡，风拂青帘。刘伶仰卧画床前，李白醉眠描壁上"。

品牌营销

明朝的品牌营销方法主要有口头叫卖、歌唱宣传、名人题字、征稿宣传、打包提货等。

◎口头叫卖

明代的口头叫卖是民俗文化的重要组成部分，这时候的叫卖广告通过直接询问，拉近商贩与顾客的距离。例如："茉莉花儿街上卖，红粉佳人叫：进来，这样花正好在奴头上戴。叫丫鬟，问他花儿怎么卖？"再如，《警世通言》中有"却说庙门外街上，有一小伙儿叫云：本京瓜子，一分一桶，高邮鸭蛋，半分一个"。如此，既介绍了产品，也说明了产地，更为产品宣传增加了亮点，短小精悍，颇有特色。

◎歌唱宣传

明代的商人，不仅会经商，还有着不凡的艺术天赋。明代歌唱广告有着不同的风情，无论是悲歌还是靡靡之音，都能呈现不同的地域风格，拉近与顾客的心理距离。这也是明代歌唱广告的高明之处。

◎名人题字

明清时期，商家比较喜欢使用"名人题字"这种形式来促销商品、扩大影响，这种风气一直影响到现代，而名人也乐于这么做。

不过，这在当时并不叫"广告"，而是雅称为"润格"，明码标价，索取报酬。从商业广告的角度来看，此举开创了中国书画交易的新模式。

◎征稿宣传

明代天启年间，苏州酉酉堂书坊刻印《明文奇赏》一书，在书上印有征稿启事："愿于征者，或封寄，或面授，须至苏州阊门，问得书坊酉酉堂陈龙山，当面交付。"

同样，杭州书商也喜欢打"征稿广告"。崇祯年间，杭州陆云龙峥霄馆书坊在出版《皇明十六名家小品》一书时，便印上了征稿启事："刊《型世言二集》，征海内异闻。"

◎打包提货

江南向来繁华，最会经商的当数江南人。比如，在明代的苏州城，有个叫"孙春阳南货铺"的杂货店，老板很懂经营之道，他根据货物特点，把货物分类为南北货房、海货房、酱货房等，顾客看中哪款商品后，记下来，到柜台统一交款，收款员发给他一张提货单，他就能提货了。

品牌代表

张小泉品牌始创于明崇祯元年（1628 年），成名于 1663 年（癸卯年），是中华老字号。"张小泉"剪刀的创始人是安徽人张小泉。

张小泉是张家的独子。相传他一出生就掉进了泉水里，于是家人给他起名为"小泉"。张小泉好奇心很重，也很活泼，刚一学会走路，就蹲在炉边帮母亲拉风箱；八九岁时，身高才比砧子（锻打铁质工具的平台）高出一点时，就跟父亲做对手打小锤。长大后便开始跟父亲一起学习和研究锻造工艺。

父亲倾囊相授，张小泉学得刻苦努力，没用几年时间，他就掌握了锻铁造物的手艺，还刻苦钻研熔、铸、锻、打、磨等技艺，打铁的本领甚至比父亲还高出一截。由他亲自打铸的犁尖，耕起田来又深又快；他打的锄头，锄地时又轻又巧；他锻造的菜刀，即使剁骨头，也不会卷口。

父亲过世后，张小泉子承父业，对剪刀的样式、规格、品种和锋利程度等均进行了改进。

清康熙二年（1663 年），张小泉直接将原来的店名改成了自己的名字"张小泉"。同时他还规定，凡拜张小泉为师的作坊所产剪刀都可用"张小泉"字样，但必须加上"记"字。这次改名，让"张小泉"声名大振，"张小泉剪刀"这五个字也跨越历史长河流淌至今。

第八章
清朝：品牌发展得到足够重视

商人地位提高，品牌意识得到提高

清朝，生产力水平的提高和农业生产结构的变化，促使手工业进一步发展，商品经济逐渐发展起来。江南地区出现了雇佣劳动和手工工场，并发展到一定规模。在棉纺织业中心松江，一些包买商开设暑袜店。包买商拿出资金，购买材料，当地居民在家中编制好后送往店内，计件付费。包买商和居民之间建立的其实就是一种原始的雇佣关系。

在农业生产方面，江南地区粮食生产逐渐商业化，农作物多为棉花、甘蔗等经济作物，使原本从事农业生产的人加入非农业劳动中来。同时，随着经济作物种植面积的扩大，粮食产量不能满足人口需求，需要从外地进口，这也在一定程度上促进了商品经济的发展。

资本主义萌芽从丝织业延伸到冶铁、造船、铜矿、采木、瓷、制茶等行业。随着手工业生产规模的扩大，分工渐趋精细，生产质量和效率逐步提高，产品种类越来越丰富，商业得到短暂发展。广告显著增多，具有一定知名度和影响力的品牌开始出现。

清朝商人对品牌非常重视，将招牌和字号当作是传家宝，当作自己商业生涯的象征，招牌的形式与制作都非常讲究。清光绪三十年（1904年），清政府出台《商标注册试办章程》，这是我国历史上的第一部商标法规。虽然最终没能正式施行，但该章程的颁布让我国品牌管理开始向系统化、规范化和法治化方向发展。

品牌宣传载体

清朝品牌的宣传载体主要有招牌和字号、商标、说明书等。

◎ 招牌和字号

继"六必居"之后，商人纷纷将招牌和字号当作传家宝。例如，耳熟能详的"都一处"出现于 1738 年，"全聚德"出现于 1864 年，"内联升"出现于 1853 年。

图 8-1 全聚德烤鸭店

其中，北京"都一处"烧麦馆始建于清乾隆三年（1738 年），距今已经有 280 多年的历史。乾隆十七年（1752 年）的大年三十晚上，乾隆皇帝微服私访回京，途径前门。当时所有的店铺都已关门，只有一家酒铺还在营业，便走了进去。

店小二招待周到，酒味浓香，小菜可口，乾隆对小店产生了兴趣，便跟店主闲谈起来，询问酒铺叫什么，店主回答："小店没名。"乾隆听后，说："此时京城开门的只有你们一家，就叫'都一处'吧！"

回宫后，乾隆亲笔题写了"都一处"店名，并将其刻在匾上，几天后，该小店便收到了宫中派人送来的匾。从此，"都一处"的生意逐渐兴隆起来。

明清时期的商人对品牌非常重视，甚至还将招牌和字号视为传家宝。他们珍惜品牌的信誉，重视品牌的延伸和发展。

◎ 商标

清朝商人懂得使用商标来维护自己的商业声誉和经济利益。

道光十年（1830 年），有一家名为谢馥春的香粉店开业，生意越做越大。不料，商铺产品被别家仿冒，店主想了一个办法：在柜台上放了 5 只竹筒，名为"五桶为记"。后来，店主又向所在地官府告状，获得了各家禁用"五桶"商标的判决，于是在店堂里显眼处书写道："本店城内仅此一家，此外并无分铺，请认清辕门桥谢馥春老铺，五桶为记商标，庶不致误。"

可见，那时的"五只竹筒"作为商业标识，已经具备了商标的含义。

◎ 说明书

康熙四十四年（1705 年），罗马教皇派遣使节多罗来中国，由于康熙对西方文化有浓厚的兴趣，为了更多地了解西方的科学技术，之后只要有外国人来中国，康熙都会亲自接见。

此外，他还对西药很感兴趣。一次，传教士带来了 150 块巧克力，专门进贡给他，为了让清朝人了解这种食物，还写了一千多字的说明书。

康熙并不开心，他只关心这东西怎么治病，但是看了半天，发现说明书上只写着，有哪几种疾病的人不适合吃巧克力，并没有解决康熙关心的问题。

后来，有人重新为皇帝写了一份新的说明书，表示巧克力并不是药物，在阿美利加（当时美国的音译）等地方，人们像饮茶一样食用巧克力，一天吃一到两次，老人以及胃虚、拉肚子、胃结石的人都可以食用。

听到这个介绍，康熙皇帝终于满意了，于是下令让人制作饮品。康熙尝过后觉得，苦中带涩，涩中又有点甜，虽然还不错，但还是觉得自己的龙井更好喝。

品牌营销

清朝品牌营销方法主要有吆喝叫卖、事件营销、公益营销、诗歌宣传、公关宣传等。

◎吆喝叫卖

在清末的北京街头，据清代的《燕京杂记》记载："京师荷担卖物者，每曼声婉转，动人听闻。"且分贝很高，"呼卖物者，高唱入云。"清闲园鞠农还专门将各种市声编撰在《燕市货声》中，如耍耗子的"鸣锣或吹唢呐"；磨刀磨剪子的则"分数种，有吹喇叭者，有打铁链者"。

《燕市货声》里记录了清代北京的各种叫卖声，保存着不少乡土风情。货声，又叫"市声"，北京人称之为"吆喝"，用本地话说就是卖什么吆喝什么。

下面，我们就摘录几个正月里的叫卖样式。

有用的东西，比如：

"口琴来！卖口琴来！"——说是卖口琴，其实是卖骰子、纸牌、骨牌等。

"嗳,活鲤鱼呀!"——说是活鲤鱼,其实是纸糊的,初二祭财神时往河里放的。

"牛儿芒儿,过年的小皇历!"——《春牛图》,一文钱两张,可以从十月份一直卖到开春。种田者必备!

有吃的东西,比如:

"玉面唵,馒头!"——这是一种白面甜馒头。

"三角儿……炸……焦!"——除了糖三角,还有糖麻花、油炸糕、马鞍烧饼,有时也卖干烧酒和豆腐干。

"好热呀,烫面饺儿来!"——有猪肉、口蘑、干菜、虾仁、香椿、龙须菜、芽韭、藕、羊肉、茴香、白菜、豇豆、芽豆等各种馅儿的。

"津透了,化透了,桂花得元……宵!"——有山楂、白糖、奶油,以及各种水果馅的。

吆喝声不仅足够响亮、悠长,传入住在四合院里的顾客耳朵里,还异常好听,可以将人们吸引出来。

◎事件营销

清朝,有一个叫林尚沃的朝鲜商人带了人参来北京销售,却无人问津。原来是当地药商联合起来,想压低价格再买。结果,林尚沃做出了一个惊人的举动——烧人参! 林尚沃直接放火烧掉了一半人参,药商不得不当场下单，根本顾不上压价的问题了，即使是涨价，也不得不接受。

◎公益营销

有些老字号会用一些慈善活动招徕顾客，比如，同仁堂每年寒暑都会在城外专设粥棚，向穷人发放一些简单的药物和棉衣；会试期间，还会向应试的举子赠送应时药品。

再如，作为老字号茶庄，每年收到新茶后，张一元都会选个良辰吉日举办品茶会，并给城内的富贵人家送去请帖；普通市民进店买茶，也有品茶服务。

◎诗歌宣传

清代杨静亭《都门杂咏一百首》中的《水晶糕》就是一首为绍兴"水晶糕"做的广告："绍兴品味制来高，江米桃仁软若膏。甘淡养脾疗胃弱，进场宜买水晶糕。"语言明快，节奏感强，人们不仅能通过它了解产品的性能，还能获得审美享受，是一首富有地方风味的、标准的广告诗。

晚清诗人李静山编撰的《增补都门杂咏》中有一首叫作《王麻子》的诗，诗云："刀店传名本姓王，两边更有'万'同'汪'。诸公拭目分明认，头上三横看莫慌。"此诗就是为"王麻子剪刀店"做的广告，提醒顾客识别老标记，谨防假冒。

◎公关宣传

清朝时期，很多老字号已经有了公关意识，通过为老百姓办实事获得认可，直至今日都兴盛不衰。当时比较成功的公关广告有"张一元的品茶服务""正明斋的送货上门"等。

品牌代表

清朝时期，品牌代表主要有老凤祥、瑞蚨祥等，商人代表主要有胡雪岩等，他们都创造了巨大的财富，也促进了当时经济的发展。

★百年老店老凤祥

老凤祥银楼创始于清道光二十八年（1848 年），是跨越了中国上百年的经典珠宝品牌。

老凤祥由慈溪开钱庄的费氏创办，后来，经由费汝明、费祖寿、费诚昌等三代人的呕心沥血，几十位大师的坚守，将中国传统的金银制作技艺融会贯通，历经清代、民国至今，打造了一个金字招牌，出现在祖国的大江南北。

老凤祥主要经营珠宝首饰，名号经过几次更替。

刚开始出现的招牌，是一条竖挂着的布，上面写着"老凤祥裕记银楼"几个字，店门正上方还有一个展翅高飞的凤凰图案。其实，这就是古代幌子中典型的"标志幌"，上面涵盖了店名、字号和经营内容。"老凤祥"中"老"字寓意"历史悠久"；"凤"字代表中国传说中的神鸟，是"美好"的象征；"祥"则寓意"吉祥如意、幸福美好的生活"。

清光绪十二年（1886 年），老凤祥迁址到大马路抛球场望平街（今南京东路），名号变更为"凤祥怡记"。此后，还用过"植记"和"庆记"的幌子。光绪三十四年（1908 年），店址又迁到现在的南京东路 432 号，重新恢复了"凤祥裕记"字号，这一店址延续至今。

20 世纪 30 年代，上海银楼业设立了同业会，老凤祥被列入九大银楼之一，在百姓中有着极高的声誉，引发了上海滩的购金热，日销售黄金量多达千两。

当时，很多人都将拥有老凤祥的产品当作一种荣耀。史料记载，1931 年上海滩大亨杜月笙为家族祠堂举办落成典礼，打算定制一件中型水缸大小的银鼎礼器，只有老凤祥敢接下这单生意，老凤祥的声望因此大大提高，成为上海滩名气最旺的顶级银楼。

其实，从本质上来说，老凤祥经营的是一种金银文化，其品牌标识"金凤凰"是百鸟之王，蕴含着对"和谐美好"的向往，于是老凤祥在注册商标时，将老凤祥和凤凰图案结合在一起，就是如今人们所熟知的带有凤凰图案的"老凤祥银楼"招幌。

"老凤祥"招幌从布质演变到金属质地，每一步都留下了时代变迁和技术进步的烙印，经过漫长的历史积淀，已经成为客户心中的印记。

★连锁企业瑞蚨祥

清朝晚期山东孟氏家族创办了棉布绸缎商店，初名"万蚨祥"，主要经营山东土布，之后改名为"瑞蚨祥"，发展至今，其连锁店遍及全国各地。

瑞蚨祥的创始人孟传珊，是济南府章丘县旧军镇（今济南市章丘区刁镇）人。他从在当地经营土布开始，后在上海、青岛、天津等地设立连锁店。

1893年，瑞蚨祥出现在北京前门大栅栏。由于信誉好、货真价实，很快就打响了名号。在当年的北京城，"头戴马聚源，脚踩内联升，身穿瑞蚨祥，腰缠四大恒"是达官贵人的标配，就连慈禧的寿袍、袁世凯登基的"龙袍"、梅兰芳等梨园名伶的行头，都出自瑞蚨祥。1949年天安门广场上升起的第一面五星红旗的面料就是由瑞蚨祥提供的。

瑞蚨祥实行全国连锁的经营模式，设立地区和商店两个层次，在济南、北京、天津、青岛、烟台、上海等大城市都设立店铺，采用统一店名、统一标志、统一经营、统一管理等"四统"方式，不仅降低了生产成本，还形成了品牌的联动效应。

瑞蚨祥涉足绸布庄、茶叶店、钱庄银号、当铺等生意，是中国最早的连锁企业之一。时至今日，依然保持了营销上的领先优势。

★ "红顶商人"胡雪岩

在中国近代商业史上，胡雪岩占据着重要地位。

胡雪岩是个商业奇才，其成就及影响已经远超商业范围，就连大名鼎鼎的左宗棠也在奏折中写道："胡雪岩，商贾中奇男子也，人虽出于商贾，却有豪侠之概。"鲁迅则称他为"中国封建社会的最后一位商人"。清朝陈代卿这样评点胡雪岩的一生："游刃于官与商之间，逐追于时与势之中；

品够了盛衰荣辱之味，尝尽了生死情义之道。"

胡雪岩（1823—1885 年），本名胡光墉，幼名顺官，字雪岩，是中国晚清第一大豪商。他出生于安徽绩溪，先后经历道光、咸丰、同治、光绪等四个皇帝。他有着敏锐的经商头脑，经营过钱庄，涉猎过粮食、房地产、典当等行业，还创办了"胡庆余堂"药号，打造了一个纵横交叉、遍及全国的商业帝国。

胡雪岩的品牌意识，可以概括为八个字"做大场面、铸就品牌"，具体表现在六个方面：一是虚实并举，红火市面；二是扩大地盘，壮大门面；三是店堂门面就是招牌；四是做大场面，展示实力；五是使用广告，出奇制胜；六是质量是竞争的价码。

第九章
近代：品牌迎来新的发展机遇

经济范围扩大，品牌获得更多的发展和传播

从 1840 年鸦片战争到 1949 年中华人民共和国成立，随着报纸的大量出现以及广播电台的诞生和发展，品牌也不断得到传播和发展。

◎ 品牌广告正式出现

18 世纪 60 年代以后，欧洲各国对外贸易需求不断增强，伴随着传教、办学、行医、出版书报等手段，西方的经济、文化等进入中国。

作为西方文化输入的先导，来华的传教士很快就发现：中国地广人多，方言众多，但统一使用汉字，用汉字印刷品进行传教更容易被老百姓接受；同时，由于刻印书籍内容多、时间长、更新慢，因此，他们便将关注点放在了报刊上。

1833 年，德国传教士郭士立在广州创办了中文杂志——《东西洋考每月统记传》（简称《东西洋考》），并在该刊物上开辟了广告专栏，主要用来公布每日的商业行情，但品牌广告却很少。直到 1853 年，《遐迩贯珍》杂志在香港问世，品牌广告才正式出现在人们的面前。

《遐迩贯珍》创刊于 1853 年 8 月 1 日，每月 1 日出版，由传教士主办，是鸦片战争后在中国境内出现的一份中文期刊，主要在香港、广州、

厦门、福州、宁波、上海等通商口岸发行，是一种新闻性刊物，同时刊登商业广告。

《遐迩贯珍》的新闻栏目是"近日杂报"，该栏目专门刊登近日新闻，内容涉及国际和国内时政、军事、经济等，文笔生动、简明有趣。从1855年1月1日开始，《遐迩贯珍》开始增设"布告篇"栏目，主要登载各类商业广告、香港航运以及进出口商品的行情，开创了中文报刊刊登商业广告的先河。

◎通商口岸出现的近代品牌

鸦片战争后，随着广州、厦门、福州、宁波、上海5个通商口岸的开放，西方各国开始对中国进行大规模的经济入侵。在此过程中，外国人投放了大量广告。于是，近代品牌首先在这几个口岸发展起来。当时的广告品牌，多数都是外商经营的洋品牌，如汇丰银行等。各品牌之间竞争异常激烈，广告投放量最大的是香烟和药品。

民国时期出现了很多药品的广告。当时，中药和西药竞争激烈，药商在广告的制作上花费了很多心思。在20世纪30年代的上海滩，医药企业的广告注重广告词的创意，通俗易懂，功能详尽，因此这类广告非常受欢迎。例如，"三友实业社"生产的"方便丸"，主要作用是助消化，它们还精心策划了广告语："大便不通，心事重重；大便一通，万事轻松。"

无独有偶。20世纪三四十年代，湖广和云贵地区发生了疟疾，来势汹汹，百姓人人自危。为了解除百姓的病痛，广东著名的制药专家和名医梁培基自制了一种治疗疟疾的药物。为了让老百姓尽快了解并接受这种药，梁培基想了一套营销方法，在各地安排了一批行迹独特的人。

这些人来到闹市的醒目位置书写广告，字体巨大，占满了整堵墙壁，远远地就能看到"梁培基"三个巨幅大字，有时十多分钟的路程，"梁培基"三字会出现五处，人们感到非常纳闷。半个月后，这群人又出现了。他们扛着梯子、提着油漆桶和大扫笔，在"梁培基"下面增写了"发冷"两字。人们搞不明白，纷纷猜测。后来，又在"发冷"下加了一个"九"字，变成了"梁培基发冷九"。

在当地方言中，"九"与"狗"同音，看到这几个字，人们大笑不止，一时间成了街头巷尾的热议谈资。又过了一个多月，书写人在"九"字上加了一点，"九"变成了"丸"。至此，"包袱"抖完了，人们终于明白，原来是"梁培基发冷丸"，其主要功能是治疟疾，人们一下子就记住了该药品。

◎ 日渐丰富的传播媒介

城市的扩展、商业的繁荣，带动了户外广告的发展。这一时期，品牌宣传的载体陆续扩展到橱窗、路牌、霓虹灯、交通工具、广播等媒介。在品牌的传播和扩散中，广播的作用得到广泛认可，各大电台的广告业务量扶摇直上，出现了很多红极一时的品牌。

第一家专营路牌广告的户外广告公司首先出现在上海。1927年，王万荣创办了"荣昌祥广告社"，主要经营路牌广告，由于其精通业务、服务周到、讲究信誉，几乎上海周边城市每块大型路牌广告都是由"荣昌祥广告社"经营代理。经过一段时间的发展，王万荣把广告社改为"荣昌祥广告公司"。

那时，很多商家不仅熟谙商业经，还独具广告意识。为了塑造形象、推销商品，也会做一些宣传性广告。广告的形式多种多样，或在自己所在的房屋墙面上竖起广告牌、店招，或在其他的高层建筑、显眼建筑等的屋顶做广告。

雅霜是中国最早有规模生产的化妆品之一，俗称"雪花膏"，由上海家化生产、上海"大陆药房"总经销。旧日的雅霜广告上，印着当时的当红明星白杨，笑容甜美，胸前一束鲜花，广告语是："最为爱美仕女之妆台良伴"。

第一次世界大战后期，中国民族品牌得到了一次发展的机会，当时国产著名品牌有"美丽牌"香烟和"三星牌"牙膏。

随着社会和经济的发展，广告策划和创意的水平也在日渐提高。

1918 年，上海各报头版同时刊登了一个红色喜蛋，没有任何文字说明。这是福昌烟草公司为新产品"小囡牌"香烟精心设计的广告，"小囡牌"香烟一炮走红。这是我国广告史上的首次套色印刷。

1928 年，在上海西藏路大世界对面的一座大铁架上，安装了"红锡包"霓虹灯香烟广告，将技术与创意更好地融合在一起，是当时最大的霓虹灯广告牌。该广告除了"红锡包"三个大字，还有一包香烟。灯光闪闪烁烁，香烟一支支跳出，最后是一支点燃的香烟，青烟缭绕，生动逼真。

品牌宣传载体

近代品牌的宣传载体主要有招牌、说明书、霓虹灯、汽车、墙体、路牌、橱窗、海报、空中、电波、月份牌等。

◎ 招牌

招牌是中国近代商业文化的重要组成部分，其覆盖面积大、流传范围广，是当时商业活动中最质朴、最原始的广告形式，在商业活动中发挥着重要作用。

从史书文献上看，招牌最初被用于酒馆，到了近代才出现了饭馆、药铺、杂货店等形式的招牌。

1. 饭馆

饭馆的招牌不仅能向人们展示饭馆的种类，还可以区别饭馆的等级和特色。为了做宣传，旧时的饭馆往往会在门外悬挂一个罗圈，而一些小饭馆门口只挂一个柳条或笊篱。

在老北京人的印象里，如果只挂个罗圈，就是卖笼屉的作坊；罗圈下出现三根绳，则表示"有笼蒸食品"；绳上结白花，表示"有包馅食品"等。

老北京的糕点铺门面一般都比较雅致，其招牌通常都是红牌金字，扁铁钩环顶端向上卷花，木牌上会写明"龙凤喜饼""大小八件""桂花蜜供""重阳花糕""满汉糕点"等字样。

2. 药铺

药铺的招牌通常都是由一块四周为白色、中间是黑色的木板制成。上下分别有一个等腰直角三角形，表示"半贴膏药"；中间是菱形，表示"一整贴膏药"。上下用铁链连接。

我国北方的一些药铺，为了招揽顾客，会使用一长串木制膏药的模型；而南方的一些城镇中药铺，不仅会挂膏药，在膏药之间，还会设置一个脚踏莲花的小男孩，表示"该药铺里面有专治儿科病的坐店郎中"；或者悬挂一个用鱼形木板制成的幌子，表示"用了我的药，保证药到病除，平安如意"。

3. 杂货铺

（1）肥皂铺的招牌。在老北京新街口外的"宝兴斋"香蜡胰子（肥皂）铺，门帘上悬挂着一个铜铃，只要风一吹，就会发出"叮叮当当"的响声，人们称它为"响铃寺"。

（2）酱油铺的招牌。在北京地安门外的"宝瑞兴"油盐酱园店门前，有一木制红色油漆的大葫芦，人们称它为"大葫芦"。

（3）梳子铺的招牌。常州"真老卜恒顺梳篦店"的店铺门口挂着一个特制的大木梳。

◎ 说明书

"乐家老铺"用药地道、炮制得法，深受百姓的爱戴。1723 年，该药铺承办御药，名声显著提高。1914 年，乐氏第十二代子孙乐达仁先生对乐家老药铺进行了改造，创办了天津达仁堂。

早期，为了扩大宣传，达仁堂不仅邀请著名老中医孔伯华先生亲自坐堂，还会在店堂里张贴、摆放各种宣传材料，内容以中医药知识和辨证用药为主，规范而严谨，最典型的当数《达仁堂药目》。

该产品说明书一般用宣纸制成，采取油墨印刷，之后再加盖"京都达仁堂乐家老铺"红色印章，内容大概分为两类。

（1）主体部分由独具鲜明民族特色的图案或花纹构成边框，有的以松柏为主体，融合老人、儿童、鹿、鹤等图案，象征"长寿吉祥"；框内上部，印着产品文字和一幅君药图片。

（2）主体部分由简明的萱草条纹作为外框，外框四角嵌有"乐家老铺"四个字；上部为某药品，药品名称右下角加盖着一枚闲章，内容为篆书"达仁堂"，下面是药品简介，落款处盖着两枚正章，一枚是"乐氏"，另一枚是"达仁堂"。

这种说明书制作得异常精美，不仅可以用来宣传产品，也具有一定的收藏价值。

◎ 霓虹灯

霓虹灯是户外广告的重要表现形式，是一种西方舶来品，其将古代书法艺术和现代广告技术结合起来，具有很强的装饰性，可以为夜幕增加色彩和动感。

1926 年，在上海南京东路伊文思图书公司的橱窗上，出现了我国第一个霓虹灯广告。

1927 年，上海远东化学制造厂制成了我国第一支霓虹灯，用于上海中央大旅社。

20 世纪后半期，香港街道上布满了字体各异、五颜六色的霓虹灯。为了打造世代相传的金字招牌，即使店铺规模很小，老板也会花费很多心思，想出一个好名字；为了更加吸人眼球，他们甚至还会邀请书法家来题字。

◎汽车

1919 年，周祥生在上海开始经营华商出租汽车业务，1923 年他正式打出"祥生汽车行"的招牌。20 世纪 30 年代，祥生汽车行已经拥有约 30 辆出租车，占据了华商出租汽车行业的半边天。

1931 年底，周祥生将祥生汽车行改组为祥生出租汽车有限公司，增设分行多处，周祥生成为华商出租车行业里的"老大"。

为了进一步发展自己的车行，周祥生经过冥思苦想，意识到：出租车行业本身属于服务行业，一切要以顾客的方便为标准。只要顾客想要用车，就要让他们方便地联系到出租汽车公司。当时，电话叫车是最时髦的联系方式，美商的云飞车行也有一个叫车电话"30189"，用上海话读谐音就是"三人一杯酒"，方便记忆。

周祥生觉得，自己也应该设计一个叫得响、容易记忆的叫车号码。为了这个目的，他便通过发送乘车优待券、派车免费接送等方式，跟电话公司的高级职员建立联系之后得到了一个"40000"的号码。虽然费了一番周折，结果却令人满意。

当时中国一共有四亿人口，该电话号码正好跟这个数字相契合。20世纪30年代，在爱国思潮的影响下，该号码更被赋予了特殊的意义。取得该号码后，周祥生立刻推出了自己的广告语："华人应坐华人车，四万万同胞请打四万号电话。"祥生车辆一律用油漆涂着"40000"的标记，穿行在街上，成了流动的广告。

为了让该号码在人群中扩大影响、被人们熟知，周祥生开始在马路边做广告：中心位置是引人注目的阿拉伯数字"40000"，一个"4"字，外加四个大圆圈，异常醒目。尤其当夜幕降临的时候，在霓虹灯的照耀下，更加绚丽多彩。

后来，周祥生注意到，那时的电话架基本上都是挂在墙上的，如果接电话的人暂时走开，电话就没地方搁了。为了解决这个问题，他设计了一种精巧的金属搁架，搁架上印有"40000"的叫车号码，免费为电话用户安装。除此以外，周祥生还别出心裁地让公司的"40000"电话总机开办了跟轮船、火车进出港（站）时间、气候等业务有关的咨询服务，既满足了社会的需要，又在服务中宣传了公司的形象，是一种极好的软广告。

通过这种方式，祥生公司的出租车业务量大大增加，公司获得快速发展。到1937年，公司总资本从改组时的10万元增加至50万元，一共拥有230辆汽车；公司设立的分行共22处，还有50多个汽车代叫处，共有员工800多人，成为当时上海最大的出租汽车公司。

◎墙体

墙体广告是早期广告的主要形式，直至民国时期，依然被普遍使用。上海是当时中国商业和进出口贸易最发达的大都市，不仅出现了墙体广告，还格外兴盛。为了在竞争中脱颖而出，各品牌间引发了激烈的广告战。比如，英美烟公司派专人负责制作广告，充分利用街道上的墙壁，进行宣传。其他烟厂也会在各地张贴广告，但往往不到半天时间，就会被英美烟广告覆盖。

◎路牌

民国时期，广告形势日趋多样化，不仅手法独特，布局上也心思巧妙。路牌广告一般都设立在闹市地段的马路上，多数是图文结合，画面清晰，文字精简，立体感强。比如，在吴淞口岸上，有一则巨型"冠生园陈皮梅"路牌广告，是冠生园为了宣传自己的品牌而设置的。

◎橱窗

20世纪30年代，上海的先施、永安、新新、大新等百货公司，都会在商店前设置大型橱窗广告。之后，一些中小商店纷纷仿效，改换门面，扩大橱窗的体积。我国较早使用的橱窗广告，是上海先施百货公司在1917年10月20日开业那天使用的橱窗陈列广告。

◎海报

1919年，上海商务印书馆活动影片部制作了一张海报，名为"中国自制的活动影戏出现了"，标志着中国电影海报的诞生。该广告形式立意深刻、构图新颖，视觉效果明显，可以很好地提高影片宣传效果，深受观众的喜欢。

◎空中

空中广告一般都是利用飞机、气球等为媒体，以天空为背景，书写或垂挂巨幅文字或图案。在1935年旧中国第六届全国运动会上，空中出现了几只巨大的氢气球，条幅上写着"《新闻报》《新闻夜报》销量最多""《新闻夜报》欢迎各位选手"等标语。这是报馆为了扩大宣传而做的空中广告，广告效果明显。

这种广告形式的优势显而易见，缺点在于，利用气球和飞行器作为广告载体需要耗费巨资，想做这类广告，公司首先要有雄厚的实力。

◎电波

1923年，美国人奥斯邦在上海造了一座电台，揭开了我国电波广告的序幕，但广播电台正式开播广告是在1927年。那年新新公司办了一座电台，播送行市、时事与音乐。同年，天津、北京也相继开设电台。到1936年，上海已有华资私人电台36座、外资电台4座、国民政府电台1座、交通部电台1座，这些电台都要依靠广告维持。

◎月份牌

从19世纪末起，月份牌开始流行。那个时候，月份牌具有超乎时代的摩登感，逐渐成为上海家庭的必备品，还吸引了很多现代画家参与创作。他们有的精于中国画，有的熟悉水彩画……会在不同月份画上自己擅长的画作。其中，比较有名的代表人物是郑曼陀和杭稚英。

郑曼陀比较擅长根据照片画肖像，首创了擦笔水彩画法：先描个基础线条，然后用炭精粉标出明暗的变化，再用水彩一层层地渲染，最终效果图既像照片又不是照片，画中的女性面容姣好，肤质不错。

杭稚英曾开过"稚英画室"，在很多方面吸取了新绘画的技巧。他参考海外的商品广告，运用色彩的特质，呈现出来的作品让人觉得更加细腻柔和。

当时不管是有钱人还是穷人，家里都会贴一张月份牌。

品牌代表

近代中国，不同行业都出现了著名的商人和品牌，比如，酒业代表——张裕、哈啤、茅台，烟业代表——"美丽牌"香烟，日化代表——"三星"牙膏、"梁新记"牙刷，服装代表——"鹤鸣"鞋帽。

★酒业代表：张裕、哈啤、茅台

◎葡萄酒代表：张裕

张裕葡萄酒是张裕集团出品的葡萄酒，张裕集团的前身是"张裕酿酒公司"，1892 年，由著名爱国华侨实业家张弼士投资创办，是中国第一个工业化生产葡萄酒的厂家。"张裕"二字冠以张姓，取"昌裕兴隆"之意。

1892 年前，张弼士在南洋已经是一名很富裕的侨商。他热爱祖国，一心想回国办实业。一天，法国领事请张弼士吃饭，席间法国领事提到烟台漫山遍野地长着野葡萄，而且酿出的葡萄酒口感不错。

张弼士对葡萄酒产生了浓厚的兴趣，去烟台经过一番实地考察后，开始筹建葡萄酒厂。

他先买下了烟台东山和西山（都是石山），然后在数千亩的荒山坡地上挖石填土，开辟出了葡萄园。为了使葡萄酒保持恒温，在离海岸 300 米的地方修建酒窖，历时 11 年才建成，至今不渗不漏，酒窖上还修建着一座三层的厂房。之后，又在东面修建了一个玻璃瓶厂，西面临街修建了十几座单层楼房，供员工居住。

张弼士从法国、意大利、德国等地大量引进优良品种，比如：红葡萄"蛇龙珠""赤霞珠"，白葡萄"雷司令""大宛香"等。第一次共引进 120 万株葡萄苗，可是由于运输途中保护不良，回来后多数都腐烂变质，不能栽种了。张弼士并没有灰心，又购买了 120 万株。有了上次的教训，他加强了运输管理，结果收到的葡萄苗大部分完好。张裕便将它们按品种分别种植在东山和西山的葡萄园内。

经过大家的努力，优质葡萄酒终于酿造出来了，人们也慕名前来。1912 年，孙中山先生到张裕公司参观，为公司题字"品重醴泉"。1914 年，张裕葡萄酒开始大规模生产，投放到全国市场，中国人喝上了自己制作的葡萄酒。

为了扩大影响力，张裕专门制作了一辆大型彩车，车里装满了小瓶样酒，让工作人员沿街赠送，引起了人们的兴趣。当时，在公司北边的海面上停了不少外国军舰，张裕派人摇着舢板，把酒送到这些军舰上，供水兵品尝，受到了水兵的欢迎，葡萄酒的销量很快上升。

1915 年，巴拿马举行太平洋万国博览会，各国都送来产品参加展览和评比。张裕的经典葡萄酒，引起了国际友人的重视，一举获得四枚金质奖章，产品走向了世界。

◎啤酒代表：哈啤

哈尔滨啤酒集团是中国最早的啤酒制造商，其生产的哈尔滨啤酒是中国最早的啤酒品牌。

1900年，为了满足日益增加的啤酒需求，俄国人乌卢布列夫斯基以欧洲酿酒师带到哈市的优良酵母为基础，培育出了哈尔滨啤酒第一代酵母，经过精挑细选后，建立了以个人名字命名的"乌卢布列夫斯基啤酒厂"，这就是哈尔滨啤酒厂的前身。同时，一些外国商人也在哈尔滨建立了不同规模的啤酒厂，到1929年哈尔滨已经拥有20多家啤酒厂。

1932年，啤酒厂转让给加夫列克（捷克）和中国商人李竹臣共营，啤酒厂正式冠以"哈尔滨"之名，更名为哈尔滨啤酒厂，哈啤迅速风靡哈尔滨。

今天，哈啤已经成为全国知名品牌，穿过古老的中央大街，步入了世界杯、NBA等国际重要体育赛事，成为世界顶级体育赛事的赞助商。

◎白酒代表：茅台

公元前135年，汉武帝派使者到南越国，使者带回了"枸酱酒"，汉武帝品尝后，给出了非常高的评价，这就是最早的茅台酒。

1949年前，茅台镇只有三家酒坊，分别是华姓出资开办的"成义酒坊"，即"华茅"；王姓出资建立的"荣和酒房"，即"王茅"；赖姓出资办的"恒兴酒坊"，即"赖茅"。1951年，三家合并为国营茅台酒厂，这就是茅台酒的前身和由来。

★烟业代表："美丽牌"香烟

"美丽牌"香烟由上海华成烟草公司生产。该烟草公司成立于1917年，1924年进行重组，戴耕莘为董事长，陈楚湘为总经理。在当时的上海《申报》上，"美丽牌"香烟的广告比比皆是，广告上都有"华成烟公司出品"的字样。

华成烟草公司创办伊始，产品主要有"月宫""旗童""三旗"等。为了进一步打开销路，1924年推出了"金鼠牌"卷烟。"金鼠牌"卷烟质量优异，价格不高，很快便被人们接受。为了与英美烟公司抗衡，1925年华成烟草公司推出了档次较高的"美丽牌"卷烟。

"美丽牌"卷烟，其因品质优良、包装精美，深受消费者青睐，广告语"有美皆备，无丽不臻"，短小精悍，朗朗上口，流传甚广；香烟广告上的美女为当时上海红极一时的演员吕美玉。

1949年之前，靠着完善的经营理念以及高品质的产品，华成烟草公司逐渐在民族烟草企业中成了领头羊。其中，主打品牌"美丽牌"卷烟不仅在上海盛销一时，还受到了广州等地消费者的喜爱。

★日化代表："三星"牙膏、"梁新记"牙刷

◎牙膏界代表：三星

在20世纪30年代初发行的苏州河南岸明信片上，经常可以看到"三星"牙膏的广告。

1912年，年仅19岁的方液仙在上海成立了中国化学工业社，设计

生产"三星牌"系列产品，主要有雪花膏、生发油、花露水、牙粉等。"五四运动"爆发后全国掀起了"抵制洋货、振兴国货"运动，"三星"产品成了热门。可是，方液仙并没有停止自己的创新步伐。经过多方努力，1922年生产出了我国第一款国产牙膏"三星牌"牙膏，该牙膏一进入市场，便击败众多洋品牌，占领了市场。"三星"牙膏不仅受到国人的喜爱，还远销东南亚市场。

方液仙十分重视广告宣传，不仅投入资金做广告，还专门设立了广告科，想出很多别出心裁的宣传方法。例如，由"三毛之父"张乐平绘制"三星"牙膏的广告画；推出奖券广告，在"三星"牙膏管里放置小玻璃管，管内放福、禄、寿三种彩券，凑齐三者便中头奖。

1937年，方液仙投资拍摄影片《三星伴月》，将品牌嵌入电影片名，邀请"金嗓子"周璇主唱该影片的插曲《何日君再来》，大获成功，"三星"品牌的影响力渗入千家万户，方液仙也成了家喻户晓的名字，被人们称作"国货大王"。

◎牙刷界代表：梁新记

在20世纪30年代的广州繁华地带西濠口，挂着一个硕大的广告灯箱，上面写着几个醒目的大字"一毛不拔"，吸引路人纷纷驻足观看。原来，这就是当时最知名的牙刷品牌——"梁新记"牙刷的广告，"一毛不拔"是用来形容牙刷的坚固耐用。

此外，"梁新记"牙刷还聘请了几十个"行街仔"，背着牙刷箱沿街叫卖，箱子上一面写着"一毛不拔"，一面写着"脱毛包换"；嗓子好的

"行街仔"会将"有一毛不拔嘅（的）梁新记牙刷卖咧"喊得像唱歌一样，使得"梁新记"的品牌深入人心。

正是靠着别出心裁的广告语和走街串巷的推销术，"梁新记"从不起眼的流动摊档起家，先是在广州打出了一片天下，后来更是在全国范围内构建起庞大的销售网络，连京沪线、京广线沿线的民房上都画满了"一毛不拔"的广告。

★服装代表："鹤鸣"鞋帽

20世纪20年代前后国产皮鞋店陆续出现，其中就有"鹤鸣"鞋帽商店。"鹤鸣"二字取自《诗经·小雅》中的诗句"鹤鸣于九皋，声闻于天"，意为"立鹤长鸣，一鸣惊人"。该商店成立于1936年，主要经营各式皮鞋和帽子，品种、花色、规格、尺码都非常齐全。

跟当时的大部分鞋帽店一样，"鹤鸣"也是前店后坊。店堂所售鞋子用料都非常讲究，制鞋工艺也十分精细，不同鞋的缝制针数有严格区分。每天，店面柜台都会将所需鞋子的品种规格整理成单子，送到作坊，第二天就能做出成品，放到柜台销售，具有"发料快、上柜快、式样新、品种多、调头快"的特点，受到人们的一致好评，生意很是红火。

创始人突然双目失明后，生意被儿子杨抚生接手。杨抚生曾远渡重洋留学，接触过国外商业经营的管理模式，在日常管理中，他将学到的知识运用其中。例如，在商店组织架构方面，设立总管理处，自任总经理；旗下各分店设立了正、副店长，部门则设有部长。在员工分配制度上，采用简便易行的厘金制，直接将员工收入与效益挂钩。在内部管理制度上，要求员工衣着整洁干净，接待顾客热情细心，即使遇到顾客有意刁难，也不能发火。此外，他还非常重视广告宣传。如此，"鹤鸣"异军突起，成为盛极一时的"鞋帽大王"。

在杨抚生的打理下，鹤鸣鞋帽商店快速发展。自1939年在南京路上开出首家分店至1951年，不仅在上海拥有一家制造部，还在上海、香港、广州、南京、长沙等地设分店十余家。这种扩张速度在当时的鞋帽行业中绝无仅有。

杨抚生的成功不外乎两个原因。

（1）舍得在广告上投资。接手之初，杨抚生就拿出店里的部分资金大做广告。当时，只要是上海市内广告牌的集中之所，抑或沪宁、沪杭沿线路轨旁，都能看到"鹤鸣"的广告。

杨抚生甚至花巨款包下了私营新声电台，每天晚上7：00—9：00的黄金时间段，有电台的人家就能收听到"鹤鸣"的广告。

上海的大报小报上，"鹤鸣"广告更是长年不断。1936—1949年，仅《申报》就先后刊登了160多幅"鹤鸣"的广告，内容新颖，耐人寻味，其中《天下第一厚皮》的漫画广告，更让"鹤鸣"家喻户晓。"鹤鸣"广告还善于把握顾客心理，引用典故，称"陶朱公'侯时转物，逐什一之利'，倒是我们的薄利祖师"，表明"鹤鸣"薄利多销，吸引了众多顾客。

（2）独到的品牌营销理念。鹤鸣鞋帽商店经营理念独到，甚至还出现了早期的现代连锁经营模式。例如，总店和分店使用同样的招匾额，均由杨抚生亲自书写；店内的鞋子都是敞开式销售，没有柜台，只放有一圈黑皮沙发，地上铺设地毯，为了便于顾客试穿试戴，旁边还设有镜子；货柜式样、所置商品、商标图样等都一样，走进任意一家门店，都会受到统一着装员工的亲切接待，就连他们的送货车上也印有醒目统一的"鹤鸣"标志。

第十章
改革开放：真正意义上大规模的品牌发展

经济发展提速，品牌呈规模化发展

中国品牌的发展与改革开放有着密不可分的关系，品牌发展是改革开放的直接成果和鲜明表现。

1978年，党的十一届三中全会召开，中国拉开了改革开放的大幕，企业拥有了一定的经营自主权，开始面对市场、关注市场，拥有了销售更多产品的动力和压力；再加上对外开放、设立经济特区等措施，经济迸发出了更多的活力，中国品牌再次破冰：企业的商标恢复，企业广告活动重新出现，一批具有市场意识的企业和企业家开始活跃起来……

随着市场调节渐成主流，中国企业得到迅速发展，产品供应日益丰富，局部开始出现过剩，竞争逐步加剧。

同时，竞争加剧推动品牌从幼稚走向成熟，品牌传播走上了现代化和专业化的转型之路。企业开始注重品牌形象，品牌间展开了价格战……这让品牌的发展迎来了蜕变。

1984年，王石组建现代科教仪器展销中心（万科前身），李经纬创立了健力宝饮料厂。

1987年，任正非成立华为公司……

这时期，最突出的是中关村的崛起。1980年，陈春先成立了北京等离子体学会先进技术发展服务部，是中关村科技企业的雏形。1984年，柳传志在中关村创办中国科学院计算技术研究所新技术发展公司（联想前身）。同期，"两通两海"（信通、四通、京海、科海）成立。中关村成了中国科技企业的集中地，被称为"电子一条街"。

商标制度趋于成熟，品牌管理日臻完善

从 20 世纪初第一部商标法规的颁布，到后来陆续出现的相关法律法规，商标制度逐渐确立。

1904 年，清政府颁布了我国历史上的第一部商标法规《商标注册试办章程》，结束了"中国开埠通商数十年，商人牌号向无保护"的历史。1923 年，北洋政府颁布了《商标法》（共 44 条）和《商标法施行细则》（共 37 条）。1930 年，国民党政府公布《商标法》及《商标法施行细则》，并于次年施行。

1950 年 7 月 28 日，中央人民政府政务院颁布了《商标注册暂行条例》。

1963 年 4 月 10 日，国务院公布了《商标管理条例》（共 14 条）。

1982 年，第五届全国人民代表大会常务委员会第二十四次会议审议通过了《中华人民共和国商标法》，自 1983 年 3 月 1 日起施行。

下面，我们重点介绍一下《商标注册暂行条例》《商标管理条例》以及《中华人民共和国商标法》。

◎《商标注册暂行条例》

1950 年 7 月 28 日，中央人民政府政务院颁布《商标注册暂行条例》，这是中华人民共和国成立后的第一部商标法规，标志着我国商标工作开始进入新纪元。该条例共 6 章 31 条，规定了保护商标专用权的原则，实行全国商标统一注册制度，为中国的商标法建设奠定了良好的基础。

例如，两人以上在同一类商品上使用相同或近似的商标，在分别申请注册时，应准先申请者注册；如果在同日申请注册，则准先使用者注册；如果商标已经转让，必须经过核准才有效；注册审定后，登载商标公报公告 4 个月，无人提出异议，才能注册；申请人对驳回不服时，可以请求再审；商标有效期 20 年，可以续展。

1950 年 9 月，中央人民政府政务院财政经济委员会颁布《商标注册暂行条例施行细则》，规定了商标注册和管理的实施程序。

◎《商标管理条例》

1963 年 4 月 10 日，中华人民共和国国务院颁布《商标管理条例》。该法规没有规定商标权，没有规定违法处罚措施，只强制商标注册而没有规定商标注册人的权利义务。

◎《中华人民共和国商标法》

1982 年 8 月 23 日，第五届全国人民代表大会常务委员会第二十四次会议通过了《中华人民共和国商标法》。该法从中国实际出发，兼顾了国际惯例，开创了中国商标工作的新局面，标志着中国商标工作进入了一个崭新的阶段。之后，国务院颁发《中华人民共和国商标法实施细则》，中国商标保护的国际化水平逐步提高。

传播载体的无限拓展

改革开放后，中国的广告业迎来了真正的发展，广告也在争议中被正名和认可。1979 年初，在全国范围内开始逐步恢复广告业务；11 月，中共中央宣传部发出《关于报刊、广播、电视台刊登和播放外国商品广告的通知》。20 世纪 80 年代以后，广告媒介被广泛采用，并上升到主导地位。

随着广告在品牌传播中的广泛运用，广告载体被无限拓展，一些实用、价廉、针对性强的实物载体也被用于品牌传播。主要的广告载体形式有电视、实物、户外、车身等。

◎ 电视

1979 年，中国广告市场开始恢复，改革开放为我国的广告业注入了生机和活力。当然，打响品牌传播"第一枪"的媒体当数报纸，随后是广播和电视。

下面举几个电视广告的例子。

1. "参桂养荣酒"的广告

该广告是中国有史以来第一条电视广告。

1979 年 1 月 28 日，一条长达 1 分 30 秒的广告出现在了上海人民的电视中：一个三口之家到商店购买药酒孝敬老人，白发苍苍的老人在收到礼物后喜笑颜开，向镜头进行展示。

广告中的老人是时年 85 岁高龄的特级工艺美术大师何克明。很多老上海人都认识他，因为他不仅外表颇有几分仙风道骨，还是全国著名的"江南灯王"。广告结束后，电视上出现了写有"上海电视台即日起受理广告业务"的画面。

根据当时《上海电视台广告业务试行办法》，这条 1 分 30 秒的广告价格约为 260 元，而广告中"参桂养荣酒"一瓶的价格则是 50 ～ 60 元。广告只播放了 4 天，"参桂养荣酒"就在上海卖脱销了。

2."燕舞"电器的广告

20 世纪 80 年代，燕舞电器是一家知名企业，主要生产收录机、组合音响、汽车收放机等。为了扩大宣传，"燕舞"使用了电视广告。

1984 年，苗海忠穿着黄蓝两色休闲装，抱着吉他，在电视机屏幕中载歌载舞："燕舞，燕舞，一曲歌来一片情……"这一年，燕舞收录机和苗海忠一起红遍了大江南北。

◎实物载体

不同于其他广告，实物载体广告的最大特点在于：摆脱了对报刊、广播、电视、网络等第三方媒体的依赖，不会消耗额外能源，不需要专门的发布渠道，不会污染环境，甚至还能改善环境；实物载体广告的潜在用户与载体商品的用户高度吻合，能极大地促进品牌的传播和销售。

有人形象地说："我们呼吸的空气是由氧气、氮气和广告组成的。"这话虽然有些夸张，却道出了广告在当今社会中的影响力。尤其是实物载体广告，对品牌的传播简直达到了无孔不入的程度。

◎户外

改革开放后的户外广告主要有路牌、招牌、海报、充气模拟物、传单、空中气球、彩幅等。近代以来，户外广告发展主要经历了三个时代。

（1）户外广告1.0时代。早期的户外广告，主要以招牌、灯箱为主，后来演变为大屏幕。不过，由于当时的技术水平不高、行业实力有限，画面都是静态的，是一种单向行销的形态。

（2）广告2.0时代。该时期出现了霓虹灯、滚动灯箱等，广告画面不再是静态的，而是融合环境，与受众进行互动。

（3）广告3.0时代。到了这个时期，户外广告的发展呈现数字化态势，户外广告与社交网络、手机终端结合到一起，形成了双向沟通。户外广告进入蓬勃发展的时代。

◎车身

车身是一种流动广告，以公共交通工具为广告媒介，主要有交通工具内的广告牌和广告宣传画、车站内的广告牌、公共汽车的车身广告等，适用于人口比较集中的大城市。

车身广告主动出现在受众的视野中，传播效果最积极、最主动。从人的注意力角度讲，移动的物体更容易被注意到，因此，可以移动的车身自然也就能在众多户外传播媒介中脱颖而出，实现高到达率。

第十一章
20世纪90年代：国产品牌的新生与成熟

经济环境白热化，品牌掀起发展热潮

1992 年，邓小平南方谈话明确了社会主义市场经济的改革目标，中国品牌发展环境发生了根本转变：从供不应求到供大于求，从短缺经济走向过剩经济。

在白热化的背景下，中国品牌掀起了一波波热潮：名牌热、广告热、点子热、策划热、多元化热、500 强热。同时，随着中外合资的发展和国内外竞争的大时代到来，中国品牌在价格和广告上各展所长，终于站稳了脚跟，初步形成了当时的品牌格局。

1992 年，一些人甩掉了手中的"铁饭碗"，很多优秀的人物，专业扎实，知识丰富，眼界开阔，不仅努力追求个人的事业，还将振兴中华作为自己的责任，成为 20 世纪 90 年代中国经济高增长的重要动力。

一些该时期创立的企业尽管有的已消失在历史的长河里，但它们的品牌故事至今仍是创业者津津乐道的话题。

品牌广告融入人们的生活

20 世纪 90 年代，报纸广告、印刷广告、户外广告、电视广告等逐渐渗透到人们生活的每个角落，街道、小区、电视、收音机、商场、新楼盘……到处可以看到品牌广告的身影。

这里，我们举两个例子。

◎学习用具广告

步步高点读机是步步高教育电子有限公司生产的一种学习机，主要是供儿童学英语时使用，也可以学习语文、数学等科目。

为了宣传步步高点读机，品牌方邀请了一个可爱的 8 岁小姑娘高君雨来代言。"步步高点读机，哪里不会点哪里，妈妈再也不用担心我的学习！So easy！"该广告在春节期间反复播放，人们记住了笑容甜美的高君雨，更对这句广告词留下了深刻的印象。

◎美护用品广告

在 20 世纪 90 年代的玉兰油广告中出现了混血女模特丹尼尔（Danielle）的身影。丹尼尔五官深邃、气质纯净，在玉兰油广告里，她正在一家农场里提着一篮鸡蛋，轻轻剥开，瞬间，她那迷人的微笑、剔透的肌肤便俘获了观众。这可能是整个"80后"的记忆——迷人的"玉兰油姐姐"。

在这则广告中，以日常的"剥壳鸡蛋"，比喻肌肤的"焕白新生"，让消费者在心里将"玉兰油"与"美白"建立了紧密联系。

这个广告简洁平实，说服力极强。

品牌代表

20世纪90年代，改革开放已经取得了一定的成效，国产品牌不断成熟，例如"全聚德""东来顺"等；还出现了一批新生品牌，逐渐占领市场，例如"大宝"护肤品等。与此同时，海尔、康佳、TCL、同仁堂等国产品牌也陆续走出了国门。

★餐饮行业代表：全聚德和东来顺

◎全聚德

全聚德创立于1864年，它原本是一家干鲜果店，招牌名"德聚全"的意思是"以德聚全，以德取财"。后来店铺换了主人，并将干鲜果店改为烤鸭店。老板杨全仁看到招牌中的"全"字与自己的名字暗合，便将"德聚全"倒过来，自此变成了"全聚德"，意为"以全聚德，财源茂盛"。

为了烤制出最美味的烤鸭，全聚德高薪聘请了曾经专为宫廷做御膳挂炉烤鸭的金华馆内的孙老师傅，其烤出的鸭子外形美观、丰盈饱满、颜色鲜艳、皮脆肉嫩、鲜美酥香，为全聚德赢得了"京师美馔，莫妙于鸭"的美誉。

全聚德之所以能够成为有名的大饭馆，主要原因在于：选料实在；厨工手艺精良，操作认真；店伙计待客热情。烤鸭是全聚德的主营品种，从选鸭、填喂、宰杀到烧烤，每个步骤都一丝不苟。

全聚德经历了从晚清到民国再到新中国，依然屹立不倒。1952年公私合营后，新增设了分号，扩建了老店，为成为百年老字号奠定了基础。

改革开放后，全聚德重新焕发出生机。1993年5月20日，中国北京全聚德集团的组建，翻开了全聚德历史的崭新一页。1999年1月，"全聚德"被国家工商总局认定为驰名商标，是中国第一例服务类中国驰名商标。

如今的全聚德不仅制作烤鸭，还整合全鸭席、特色菜、创新菜、名人宴等系列精品菜肴，形成了全聚德海纳百川的菜品文化；形成了以烤鸭为龙头，集全鸭席和400多道特色菜品于一体的全聚德菜系，受到了各国元首、政府官员、社会各界人士及国内外游客的喜爱，被誉为"中华第一吃"。在中国餐饮业500强中，全聚德位居中式正餐之首。

◎东来顺

东来顺的创始人是回民丁德山。1903年，丁德山在北京东安市场里摆摊出售羊肉杂面和荞麦面切糕，之后又增添了贴饼子和粥。看到生意日渐兴隆，他便取"来自京东，一切顺利"的意思，正式挂起了"东来顺"的粥摊招牌。

东来顺不仅继承发扬了中华传统饮食文化的精华，还努力创新，开发出涮、炒、爆、烤于一体的美味佳肴，集合了"盛情""典雅""精美""奇异""华贵"等独特的风情。其中，东来顺涮羊肉，更加突出了一个"美"

字，将美食、美味、美器和美好的服务融为一体，东来顺也因此闻名。

为了满足社会发展的需要，东来顺改革了自己的营销方式，将"特许加盟""连锁经营"与品牌无形资产结合起来，将东来顺的商标、商号、产品、专利和专业技术、经营方式等授予加盟商有偿使用，实现了特许者和受许者的互惠互利。

经过100多年的发展，东来顺的清真菜肴作为京华菜系的一个重要分支，不断发展和丰富，大大弘扬了中华民族饮食文化，对延续、创新、发展京华菜系做出了重要贡献，深受前辈同行的敬重和广大顾客的青睐。该品牌历经百年沧桑，如今已成为京华饮食菜系中的标志性品牌和享誉海内外的驰名商标。

★服装行业代表：蝴蝶

20世纪七八十年代是我国缝纫机工业的第一个大发展时期，家用缝纫机得以快速发展，全国年产量上千万台，成为世界家用缝纫机生产的第一大国。

1980年，我国第一台电脑家用缝纫机由上海市缝纫机研究所研制，比世界第一台电脑缝纫机（美国胜家公司制造）的问世只晚了6年的时间。由于当时的中国人口众多，消费水平不高，服装成衣化程度低，人们都是自己买布做衣服，家庭需求大，缝纫机自然也就成了紧俏商品。

那时，除"蝴蝶""飞人""蜜蜂""华南""标准""牡丹"六大名牌家用缝纫机需凭票供应外，其他品牌均敞开供应，家用缝纫机供不应求的局面得以缓解。

据国家统计局抽样调查，1991 年，我国家用缝纫机社会总拥有量约为 1.38 亿台，我国当时总户数为 2.95 亿户，平均约每 2 户家庭就有一台家用缝纫机。1992 年，"蝴蝶牌"缝纫机被正式批准为中国驰名商标。

图 11-2 "蝴蝶牌"缝纫机

◎美容行业代表：大宝

大宝系列护肤品自 1985 年上市至今，适应了不同时期、不同层次的消费需求，伴随着中国消费者走过几十年，是一个家喻户晓、深受消费者喜爱的护肤品品牌。

"大宝"秉承的品牌理念是"简单务实的关爱"。在这一品牌理念的指导下，"大宝"致力于为广大消费者提供物超所值、简单有效的基础护肤品。

大宝系列护肤品以面部护肤为重点，涉及面部清洁、眼部护理、身体护理等多个品类。其中，诞生于 1990 年的明星产品"大宝 SOD 蜜"，至今依然被广大中国消费者所青睐。而大宝美容日霜、晚霜更是受到了不同年龄段人群的喜爱。

★家电行业代表：海尔、康佳和TCL

◎海尔

海尔集团是一家综合性的特大型企业，前身是1984年成立的青岛电冰箱总厂，集科研、生产、贸易及金融等领域于一体。为了实现"海尔世界知名品牌"的目标，海尔采取名牌战略，经历了"量变—质变—飞跃"三个阶段，将海尔从中国名牌打造成了世界名牌。

海尔实施的名牌战略有以下三个特点：第一，坚持质量和技术的高起点；第二，强化产品质量管理；第三，坚持技术进步与创新。

1990年，海尔开始向国外出口产品。1996年12月，海尔印度尼西亚有限公司成立，海尔首次实现跨国经营。经过几十年的努力，目前海尔已经在海外发展了近百个经销商，产品出口160多个国家和地区。

为了打造全球框架，成为世界跨国公司，从1995年开始海尔就以"本土化研发、本土化制造和本土化营销"为原则，在美国、菲律宾、马来西亚、伊朗等地先后共建设了10多家生产厂。

海尔实现了质的飞跃，成为走向世界的中国第一集团。

◎康佳

康佳是"康佳集团"的简称，是中国改革开放后成立的第一家中外合资电子企业。其前身是"广东光明华侨电子工业公司"。

康佳主要从事彩色电视机、手机、白色家电、生活电器、LED、机顶盒及相关产品的研发、制造和销售，兼及精密模具、注塑件、高频头、印制板、变压器及手机电池等配套业务，是中国领先的电子信息企业。

康佳树立了"科技兴企"的发展思路，以"国际化的高科技企业"为目标，努力推行集成化的产品研发管理体制，建立了"研究院—开发中心—专业设计所"的三级研发体系，成立了国家认定的企业技术中心和博士后科研工作站，产品研发水平位居世界前列。

康佳大力实施"卓越制造工程"，通过资本运营方式，在海内外构建了布局合理的生产经营格局。此外，康佳还建立了一流的质量测试系统和环保控制体系，康佳彩电多次被评为"中国名牌产品"，彩电和冰箱也被国家质量技术监督局列为首批免检产品。

康佳的营销服务网络覆盖面广，国内共有 50 多家营销分公司、数百家销售经营部及 3000 多个维修服务网点，还拓展了 100 多个国家和地区的海外业务。此外，为了与中国总部协同呼应，还在欧洲、东南亚和北美建立了布局合理的生产制造基地。

◎ TCL

TCL 集团创立于 1981 年，前身是 TTK 家庭电器（惠州）有限公司，主要生产制造磁带，后来拓展到电话、电视、手机、冰箱、洗衣机、空调、小家电、液晶面板等领域。

改革开放后，虽然条件艰苦，但 TCL 依然坚持发展。1992—1998 年，TCL 按照市场规律不断摸索，获得了高速发展，成为极具竞争力的中国制造企业。之后，TCL 抓住机遇，创新思维，大胆突破，通过国际并购实现了全球布局。

★医药行业代表：北京同仁堂

北京同仁堂创建于清康熙八年（1669年），发展到今天已经成立了800多家零售店、28家海外合资公司（门店），遍布15个国家和地区。

图11-3 同仁堂

同仁堂历经几个世纪，其所有制形式、企业性质、管理方式也发生了根本性的变化，在海内外树立了卓越的信誉，是药业史上的一大奇迹。

同仁堂品牌经久不衰的原因主要体现在以下两点：

第一点，同仁堂的堂训和企业精神。

同仁堂从名字确定开始，就奠定了"重义、爱人、厚生"的文化基调，直到今天这种文化传承都没有改变，不仅被所有同仁堂人所尊奉，更被消费者信任。

同仁堂的堂训是"同修仁德、济世养生"，经过历代传承，如今依然是同仁堂的核心价值观与企业精神。

同仁堂一直坚持"炮制虽繁，必不敢省人工；品味虽贵，必不敢减物力"的承诺，严格把守质量关，成功造就了同仁堂的质量文化。

同仁堂的中医药文化，继承了传统中医药的文化精髓，运用宫廷制药规范，经过300多年的发展，已经实现了中医与中药的完美结合，打造出了独具特色的品牌形象和价值取向。

第二点，同仁堂的现代化营销。

随着消费水平的提升，除了产品的使用价值，人们更加关注产品的文化内涵。同仁堂药店抓住"文化行销"的热门概念，用现代营销方式推广传统中医药文化，通过"文化搭台，经济唱戏"带动传统产品的销售，将店铺的文化特长充分发挥出来。

例如，药店开辟"图书文苑"，主要销售中医药书籍，顾客可以在这里查阅中医药知识；成立"文化展室"，通过模型和图片资料等形式，对同仁堂文化进行宣传；举办健康大讲堂，义务为社区居民和顾客普及用药知识。此外，同仁堂努力挖掘传统中医药文化和民俗文化的亮点，设计制作了铜人模型、钥匙链、笔筒等体现同仁堂文化的文创商品。

此外，同仁堂采取分层营销的方式，根据不同产品的实际销售情况，采取不同的营销策略。

通过以上分析可见，同仁堂品牌的成功绝非偶然，而是依赖其深厚的文化底蕴、强烈的品牌意识、诚信重质量的态度和一贯秉承的"以义取利，义利共生"信念。如今，同仁堂的品牌形象已经成为"耸立在百姓心中的金字招牌"。

第十二章
21世纪：品牌地位提升，铸就大国品牌

紧跟世界潮流，强大的品牌出现

经过改革开放几十年的积累，中国已经成为世界第二大经济体，国际地位得到大幅提升。要想在激烈的国际竞争中占有一席之地，就要主动参与全球市场的商业竞争和文化交流。

2001 年 12 月 11 日，中国正式加入世贸组织。2002 年，党的十六大报告明确提出"形成一批有实力的跨国企业和著名品牌"，品牌发展提速。到了 2017 年，中国广告公司的数量从 1983 年的 181 家增加到 112.31 万家，广告从业人员从 1981 年的 16160 人增加到 438.18 万人。（数据来源：国家社会科学基金项目"中国广告 40 年研究"成果。）广告业整体实力的提升极大地推动了中国品牌的形成，中国品牌迎来了改革开放以来最为繁荣的黄金期，比如：

格兰仕、匹克、安踏等完成了从代加工到自主品牌的蜕变；

强大的国企及央企品牌大规模地走向海外，提高了中国品牌的影响力；

在不断摸索中，中国品牌走出了自己的建设之路，品牌传播方式越发整合；

中国互联网品牌开始腾飞，企业的社会责任意识觉醒，中国品牌发展更加成熟。

2014年，中国经济步入新常态的发展阶段，习近平总书记提出"三个转变"，"中国品牌日"设立，品牌发展成为国家战略，得到了前所未有的重视，比如：

为了适应市场的不断变化，中国品牌开始进行数字化、年轻化和高端化的转型；华为、阿里巴巴等中国品牌在核心技术、数字经济等领域实现了部分突破，引领了中国品牌乃至世界品牌的潮流；新品牌不断涌现，并很快大放异彩，如小米、美团、今日头条等。

"互联网+" 时代的品牌

信息高速发展的时代,传统的地域界限被打破了,给人们的生活带来了重要影响。

"互联网+"时代,新的传播方式陆续出现。但这一时期的品牌价值并没有被削弱,反而增强了。同时,互联网颠覆了传统的营销逻辑,品牌发展遇到了新的机遇。

传统的商品要想到达消费者手中,要经过代理商、经销商和门店,互联网媒介可以将商品直接送到消费者手中,更加快捷方便。传统媒体的传播力度较低,传播范围较小,互联网改变了这一情况。尤其是移动互联网的出现,更让人与信息的互动变得异常密切。

互联网让品牌竞争变得更激烈,品牌文化作为一种重要附加值,能有效提高产品溢价,让产品在潜移默化中实现增值。

互联网增强了品牌与消费者的互动,使每个人都有发言权,对品牌的判断与选择是自由的,这是品牌建设最好的时代。

互联网提供了洞察消费者的最好方式。通过互联网大数据,企业能够以更少的成本,更准确地调研消费者。在互联网时代,品牌与消费者是紧密相关的,要抓住消费者的需求和特点。例如,互联网时代"90后"渐成中坚，他们是品牌购买的核心力量。"90 后"一般都喜欢玩、很"宅"、图方便，于是就有了淘宝、饿了么、支付宝等迅速发展。"90 后"喜欢追求时尚、科技、品质、快乐，于是就有了小米、锐澳鸡尾酒等品牌。所以，只要抓住时代的中坚力量，了解他们的特点及需求，就能成功打造品牌。

品牌不是 LOGO、广告语、企业文化、产品包装等，而是它们的综合体；品牌不是空洞的，而需要解决很多问题。

20 世纪末，出现了影响力巨大的 BAT：1998 年马化腾成立腾讯，1999 年马云成立阿里巴巴，2000 年李彦宏创立百度。同时，1997 年丁磊创办了网易，1998 年周鸿祎创办 3721、张朝阳创办搜狐，1999 年邢明创办天涯……这些人都为互联网的发展做出了重要贡献。

进入 21 世纪，一些互联网大佬再度发力，如创办易域网的姚劲波在 2005 年创办了 58 同城，创办了体育门户鲨威的戴福瑞和庄辰超在 2005 年创立了去哪儿，创办校内网的王兴创办了饭否、海内网和美团……

技术大咖则一边对 O2O 模式不断探索，一边关注消费者的痛点，致力于需求的创造、日常生活场景的优化。例如：2010 年出现了数百家团购网站，引发了"百团大战""千团大战"；2014 年在线旅游网站和外卖服务领域，不断燃起"战火"……

2012 年 8 月，微信推出了公众平台，众多传统媒体从业者看到了新的希望，引发了内容创业的热潮，许多人凭借优质内容和创新广告获得了丰厚的利润。同时，新闻资讯 App、直播、短视频等新媒体形式陆续出现，如张一鸣创办了今日头条、郑朝晖创建了一点资讯、邱兵创办了梨视频……

品牌宣传载体

◎ 灯箱

该时期的灯箱广告主要有 4 种。

1. 吸塑灯箱

吸塑灯箱出现得比较早，一度是"灯箱"的代名词。按照形状区分，主要有方形、圆形、椭圆形、异形等，目前主要应用于金融系统、银行网点、连锁店铺等。

2. 超薄灯箱

超薄灯箱的灵感来自液晶电视，其借鉴液晶电视的背光技术，将光导原理与丝印、雕刻工艺结合起来，光线柔和，节能环保，更薄、更轻，外观更加精美，主要应用领域有餐饮、金融、交通、影楼、商场等。

3. 水晶灯箱

水晶灯箱外形优美，光彩夺目。按照安装方式的不同，主要有桌摆式、悬挂式、壁挂式等，适合会所、酒店、酒吧、餐厅、影楼、室内装饰等场景。

4.立式灯箱

立式灯箱由上盖、面板、底座、灯管等组装而成，主要用于临街店铺的产品展示和营业指引。

◎霓虹灯

2005年，在海拔250米高的广东电视塔上出现了3200平方米的空中巨无霸霓虹灯广告"国窖1573"，泸州老窖获得了上海大世界吉尼斯纪录中心颁发的"中国最大的空中霓虹灯广告"证书。

2006年，在中国香港的泰兴集装货运中心的一面墙上，出现了宽91米、高46米、面积4186平方米的霓虹灯广告。画面图案是八匹骏马，由5000多个灯泡组成。

同年，号称世界上最大的节日灯饰"七喜临门"整体灯饰制作完毕，出现在广州标志性建筑物中信广场上。该灯饰高160米，相当于40层楼高，面积有7000平方米，大小几乎是一个国际标准的足球场，所用灯管的总长度为2.7万千米，相当于上海一级方程式赛道的5倍。

◎新媒体

随着科技的不断发展以及电视机、电脑的出现，广告传播路径得以无限延展，由纸质照片文字转变为视频，更容易突出商品的特点，影响力更广泛。很多企业成立新媒体部门，重点投放各大新媒体渠道。

◎自媒体

随着社交软件的开发与发展，广告脱离了公众媒介，用户即使在家里玩手机，也可能收到从天而降的广告。这时期，就连弹窗或社交软件的圈子，也成了广告的媒介，自媒体诞生。

自媒体是一种私人化、平民化、普遍化、自主化的传播途径，使用现代电子手段，向不特定的多数或个体传递信息，主要平台包括博客、微博、微信、QQ、抖音等。

近些年出现的"网红"便是最好的例子，他们不仅可以宣传个人，还能接商家广告。

品牌营销

◎借势营销

热点事件一般都具有一定的影响力和关注度，企业借势把事件和自身产品结合起来，展开活动，增加品牌的曝光量，减少营销的时间和成本，达到借力传播的效果。

◎体验营销

产品最终面向的是消费者，他们的体验能在一定程度上决定品牌的发展，因此从消费者体验的角度来讲述品牌故事，会有更好的宣传效果。

例如，宜家为了宣传自己的产品理念，在"打消疑虑""解决问题""提升生活品位""连接情感"等方面打造了很多品牌故事。这些富有创意的故事将产品和人巧妙地联系起来，重视消费者体验，让每个人都能感受到宜家产品的质量和水平。

◎故事营销

新兴品牌一般都很难找到营销的切入点，通常会将着眼点放在创始人身上，讲好创始人的创业经历。

　　例如，红星美凯龙在广告宣传中讲述了老板的故事，即他是如何从一个小木匠变成家居行业领航者的。

　　车建新是红星集团的创始人和董事长，他中学没毕业就离开了学校。那时，他一方面想早点挣钱孝敬妈妈，另一方面觉得自己学习成绩不好，不如学点手艺来得实际。

　　离开学校的那一年，车建新 17 岁。他找到的第一份工作，是在一个工地上给人做饭。一年后，他开始学做木工。车建新一接触木工就喜欢上了这一行。为了早日跟师傅学到真本领，他特别勤快：吃饭的时候，帮师傅打饭；休息的时候，给师傅搬凳子；下班后，给师傅洗衣服、洗鞋子；农忙的时候，到师傅家帮忙割稻子、麦子。师傅、师叔都很喜欢他，也愿意教他。

　　很快，车建新就学会了基本的木工手艺；两年后，还没满师的他就开始带徒弟了。当徒弟开始学初级知识的时候，他已经达到中级水平了；等徒弟学到中级水平后，他已经是高级水平了。如此，车建新的收入和知名度都远超其他人。20 岁时，车建新带的 5 个徒弟满师，他自己也真正满师。

　　满师之前，车建新揽下一个做组合家具的活儿。家具店老板给了他一张图纸，问他能不能做，他说能。其实，他以前根本就没做过。为了完成任务，他看书看图，仔细琢磨，甚至还跑到常州最好的木器场车间跟老师傅学，还假装买主到家具店里问这问那，回来照着做。

　　为了在既定的时间成功完成第一套家具，车建新花费了很多心思。他从姨父那里借来了 600 元钱后，就立刻行动起来。当这套家具完成后，他身无分文，甚至还拖欠了油漆工的工钱。直到他交货之后，家具店老板给了他 1000 元预付款，他才还清工钱。可喜的是，不到两个星期，家具就卖出去了，家具店老板又给他结算了 700 元尾款，最终车建新净赚两百多元。

1988 年，他的第一个家具门市部开业。3 年后，他投资 100 多万元，红星家具城正式营业。

从自产自销到销售其他品牌，车建新开始了自己的家具百货商超的经营之路，提升了家具城的利润空间。他还积极吸引名品牌进驻，家具城的知名度大幅提高。

同时，车建新也没有忘记自我提升。他不仅向房地产商学习物业管理，向小商家学习租赁经营模式，还向沃尔玛和麦德龙等学习外观设计、商品布置、市场调研、顾客研究等。之后，仅用了 5 年时间，他就在江苏开办了 20 多家家具连锁专营店。

可是，在企业超速成长的同时，众多问题也慢慢浮现出来：扩张速度太快，人才培养和管理能力薄弱；流通环节占用了太多资金，家具城无法形成规模效应；行业竞争激烈，利润率逐渐降低……1995 年底，各种问题集中暴发，约 60% 的连锁店出现了不同程度的亏损。认真思考后，车建新决定重新寻找一个学习目标。

1996 年，车建新跟随国家体改委组织的考察团到美国学习，还参观了沃尔玛等大公司。这次美国之行，让他看到了光明的前景，决定做大卖场。

回国后，车建新关闭了经营状况不佳的店面，集中资金和人才，开起了大卖场。他采用"1+2000 > 2001"的虚拟商业模式，将数千个本行业的知名品牌与红星美凯龙结合在一起，让品牌效应倍增，赢得了丰厚的回报。

品牌代表

21 世纪，随着互联网的不断发展和成熟，国产品牌获得了进一步发展，还创造了更具影响力的品牌，例如，网购平台有阿里巴巴，网络出行有网约车、共享单车，交通创新有高铁、新能源汽车，支付领域有支付宝和微信支付，等等。

★ 网购平台代表：阿里巴巴

说到网购，很多人首先想到的就是淘宝。

阿里巴巴、淘宝和天猫商城，都是同一团队打造出来的。借助这些平台，即使人们待在家里，也能购买到心仪的商品。

据商务部数据，2022 年全国网上零售额 13.79 万亿元，同比增长 4%。中国已连续多年成为"全球第一大网络零售大国"。

◎阿里巴巴

阿里巴巴创建于 1999 年，总部设在杭州，是目前全球最大的网上交易市场和商务交流社区。其定位良好、结构稳固、服务优秀，赢得了全球的信赖。

图 12-1　阿里巴巴

经过多年的发展，阿里巴巴的业务已经覆盖电子商务、蚂蚁金融、菜鸟物流、大数据云计算、广告、跨境贸易等。

阿里巴巴国际交易市场上的买家，来自 200 多个国家和地区，多数都是从事进出口业务的贸易代理商、批发商、零售商、制造商及中小企业。阿里巴巴向会员及其他中小企业提供通关、退税、贸易融资和物流等进出口供应链服务。

★网络出行代表：网约车、共享单车

◎网约车

网约车，即网络预约出租汽车经营服务的简称，是指以互联网技术为依托构建的服务平台，使用符合条件的车辆和驾驶员，对供需信息进行整合，为用户提供非巡游的预约出租汽车服务。用户只要打开线上地图，输入目的地，系统就会推送十多个网约车平台的报价；用户只要点击确定，系统就会同时向这些平台派单。这里，我们以嘀嗒出行为例，加以说明。

嘀嗒是顺风车最早的入局者，从2014年开始布局顺风车业务。当时，共享出行领域尚是蓝海。2015年，滴滴顺风车强势入局，开始抢夺顺风车市场，嘀嗒的发展变得困难，不过随着2018年滴滴顺风车的下线，嘀嗒获得了翻身的机会。此后，嘀嗒迎来了快速发展。

嘀嗒出行以"让每次出行变得愉悦和温暖"为使命，以"让路上没有空座"为愿景，努力成为"用户使用出租车和顺风车的第一选择"。2018年，该品牌升级为嘀嗒出行，成为一个兼具出租车、顺风车的移动出行平台。

（1）嘀嗒出租车。嘀嗒出行以"助力出租车行业复兴"为使命，为出租车司机打造了一个全国范围的、没有快车和专车的出租车专属网约平台，为出租车司机营造了一个公平健康的竞争环境，不仅提高了出租车司机的职业满意度和行业服务水平，还给乘客打造了美好的乘车体验。

（2）嘀嗒顺风车，为广大上班族提供了一个便捷、实用、安全的拼车平台。开车上下班的用户，完全可以将自己车上的空余座位分享出去，供同时上下班的乘客搭乘；而乘客即使不开车，也能便捷地上下班。

◎共享单车

随着社会的发展，城市交通的堵塞成为人们出行的一大难题。上班或逛街时，遇到堵车，会浪费很多时间。于是，共享单车开始进入各大城市的大街小巷，不仅给人们带来出行的便利，还减轻了城市的公共交通压力。

图 12-2　共享单车

如今，共享单车已经在市场上形成了完整的产业链，上下班时如果路程不远，很多人都会选择共享单车。如今，市面上的主流共享单车品牌有：美团单车、青桔单车、哈啰单车。

（1）美团单车。如今的美团单车就是之前的摩拜单车。共享单车刚出来的时候，很多人都会选择摩拜单车，因为骑行体验非常好；后来，摩拜和美团合并后，推出了新的单车，骑行体验也不错。

（2）青桔单车。青桔单车是滴滴公司推出的一款共享单车，口碑不错，受众群体非常广泛，骑行体验也很好。

（3）哈啰单车。哈啰单车使用支付宝扫码，可以免除押金，受众非常广泛。旗下的单车类型比较多，不过覆盖率最高的目前还是蓝色的车。

★支付领域代表：支付宝和微信支付

◎支付宝

支付宝（中国）网络技术有限公司成立于 2004 年，是国内的第三方支付平台，可以为企业和个人提供"简单、安全、快速"的支付解决方案。

作为全能的金融入口，支付宝解决了很多问题，比如转账、交话费、交水费电费，为人们的生活提供了便利。支付宝的用户数量也很多，截至2020年，支付宝的全球用户已超12亿。

如今，支付宝的应用越来越广泛。无论是乘坐公交车，还是去超市买菜，甚至去医院看病，所有的支付问题都可以解决。

◎微信支付

微信支付是腾讯集团旗下的第三方支付平台，其以"微信支付，不止支付"为核心理念，为个人用户提供了多种便民服务和应用场景。用户可以使用微信支付来购物、吃饭、旅游、就医、交水电费等。

微信支付有五大安全保障：技术保障、客户服务、业务联盟、安全机制、赔付支持。

（1）技术保障。微信支付后台有腾讯的大数据支撑，能够及时判定用户的支付行为是否存在风险，最大限度地保证用户交易的安全性。同时，还能从技术上保障交易各环节的安全。

（2）客户服务。7×24小时客户服务，加上微信客服，可以更好地为用户排忧解难。

（3）业态联盟。基于智能手机的微信支付，受到多个手机安全应用厂商的保护，例如腾讯手机管家等。

（4）安全机制。微信支付关注用户的心理感受，形成了整套安全机制和手段：硬件锁、支付密码验证、终端异常判断、交易异常实时监控、交易紧急冻结等，对用户形成了全方位的安全保护。

（5）赔付支持。微信支付账户因被他人盗用而导致的资金损失，按损失金额承诺赔付，不限赔付次数，每年累计赔付金额最高100万元。对于其他原因造成的被盗被骗，微信支付会配合警方，帮用户追讨损失。

微信支付线上线下场景全覆盖，可以给用户提供零售、餐饮、出行、民生等方面高效智慧的体验，让用户更加安全地生活和出行，告别钱包、告别排队、告别假钱、告别硬币零钱等。

第十三章
中国品牌走向世界

震撼世界的中国古代"四大发明"

时至今日，中国品牌经历多轮更迭，造就了一批有世界影响力的代表。而最古老且最具世界影响力的当数中国的"四大发明"。

中华民族是一个富有创造力的伟大民族，造纸术、印刷术、火药和指南针等，都对全世界的发展做出了伟大贡献。

◎造纸术

在造纸术没有发明以前，古人曾使用过龟甲、兽骨、金石、竹简、木牍、缣帛等作为书写材料。直到西汉，简牍、缣帛依然是重要的书写材料。可是，由简牍穿起来的书籍，分量重，体积大，既不方便阅读，也不便于携带。为了减轻书写材料的重量，一部分人决定使用丝绸。不过，丝绸价格很高，只有少数贵族才能使用。

造纸术的发明者是蔡伦。蔡伦是东汉时期的宦官，主要负责监制御用器物。他对西汉以来造纸的经验进行总结，然后大胆实验和革新，扩大了取材范围。

图 13-1 蔡伦

树皮中包含的木素、果胶、蛋白质等远比麻类高，树皮的脱胶、制浆自然就比麻类难度大。为了改进造纸技术，蔡伦除了淘洗、切碎和泡沤原料外，还用石灰进行碱液烹煮，加快了纤维的离解速度，植物纤维分解得更细、更散，大大提高了生产效率和纸张质量，为纸的推广和普及开辟了广阔的道路。元兴元年（105 年），蔡伦将自己制成的纸献给汉和帝，受到了极高的称赞，从此皇帝使用他造的纸，老百姓称之为"蔡侯纸"。蔡侯纸的出现，标志着纸张开始取代竹、帛。

纸的出现，促进了文化的发展，对世界科学、文化的传播产生了深刻的影响。中国的造纸术先后传到朝鲜、日本、阿拉伯和欧洲等世界各地。1990 年，在比利时马尔梅迪举行的"国际造纸历史协会第二十届代表大会"上，与会专家一致认定蔡伦是造纸术的伟大发明者，中国是纸的发明国。

◎ 印刷术

印刷术在中国的发展经历了印章—墨拓石碑—雕版—活字几个阶段。

汉朝发明的纸虽然比甲骨、简牍、金石和缣帛要轻便、经济很多，但抄写书籍非常费劲。为了适应社会的需要，便出现了摹印和拓印石碑的方法。

雕版印刷术发明于唐朝，在唐朝中后期开始普遍使用。雕版印刷的版料一般选用纹质细密坚实的木材，然后把木材锯成木板，把要印的字写在薄纸上，再反贴在木板上，用刀一笔一笔雕刻成阳文，使每个字的笔画突出在板上，然后就可以刷墨印书了。

北宋仁宗庆历年间，毕昇总结了历代雕版印刷的丰富实践经验，经过反复试验，制成了胶泥活字，进行排版印刷。他用胶泥做成多个规格一致的毛坯，在一端刻上反体单字，字划突起的高度跟铜钱边缘的厚度一样，再用火烧硬，成为单个的胶泥活字。

关于活字印刷的记载，最早出现在宋代著名科学家沈括的《梦溪笔谈》中。1965 年，在浙江温州白象塔内发现了刊本《佛说观无量寿佛经》残页，经鉴定该书印刷于 1103 年，是毕昇活字印刷技术的最早历史见证。宋朝虽然发明了活字印刷术，但使用频率较高的依然是雕版印刷术。之后的朝代，木活字体的使用变多，尤其是清朝，木活字技术还得到了政府的支持，获得空前的发展。

康熙年间，木活字本已经盛行。乾隆年间为印成《英武殿聚珍版丛书》，共刻成枣木大小活字 253500 个，是中国历史上规模最大的一次用木活字印的书。

关于印刷术对世界的巨大贡献，英国学者威尔斯在其所著的《历史大纲》中曾经这样评价：在没有纸和印刷术的时候，传授知识只能点点滴滴地进行，而印刷术的出现，让知识像开闸的洪水一样在大范围内迅速传播，成千上万的思想家涌现了出来。

◎火药

火药的发明与传播和孙思邈有着千丝万缕的联系。伟大的医药学家孙思邈，涉猎经史百家学术，通达道经佛典，总结了唐以前的临床医学理论，收集方药、针灸等著作，编著了《千金要方》《千金翼方》等书，为医学的发展做出了较大的贡献，被后世尊为"药王"。其实，他不仅是伟大的医药学家，还是著名的炼丹家。他总结了过去炼丹家的配方，提出了"硫黄伏火法"。

《真元妙道要略》一书中载有用硫黄、硝石、雄黄和蜜一起炼丹失火，炼丹者烧伤了脸和手，房子也被烧了的事件。书中告诫，炼丹者要防止这类事故发生。

显然，唐代炼丹者已经掌握了一个重要经验，就是将硫、硝、碳等三种物质混在一起，可制成一种极易燃烧的药，即火药。

宋朝开始把火药当作战争工具，以火箭和投石机搭载的炸弹出现。

蒙古人学会了制造火药、火器的方法，西征时传入阿拉伯地区。14世纪中叶，欧洲人又从阿拉伯人的书籍中获得了火药知识，火药才正式传入欧洲。

火器，在欧洲城市市民反对君主专制的斗争中发挥了巨大的作用，不仅具有一定的军事意义，还促进了近现代科学和经济建设的发展。恩格斯曾指出：火器一开始就是城市和以城市为依靠的新兴君主政体反对封建贵族的武器。以前一直攻不破的贵族城堡的石墙抵不住市民的大炮，市民的枪弹射穿了骑士的盔甲，贵族的统治跟身披铠甲的贵族骑兵队同归于尽了。

◎ 指南针

指南针的主要组成部分是一根装在轴上的可以自由转动的磁针，磁针在地磁场的作用下能保持在磁子午线的切线方向上，磁针的南极指向地理的南极。利用这一性能可以辨别方向，用于航海、测量及军事等方面。

"丝绸之路"上行走的中国品牌

丝绸之路，起源于西汉（前202—8年），汉武帝派张骞出使西域，形成了以首都长安（今西安）为起点，经甘肃、新疆，到中亚、西亚，并连接地中海各国的陆上通道。这条丝绸之路的主要作用是运输中国出产的丝绸，被称为陆上丝绸之路。

而海上丝绸之路，是古代中国与外国进行贸易和文化交往的海上通道。该路以南海为中心，又称南海丝绸之路。海上丝绸之路形成于秦汉时期，在三国至隋朝时期得到发展，繁荣于唐宋时期，明清时期发生转变，是已知的最古老的海上航线。

陆上和海上丝绸之路的贸易，为沿线国家带来了经济利益，使得中国与各国联系密切，它们也因此成为各国间的友谊通道。

通过丝绸之路，中国进行对外贸易的不仅有丝绸，还有瓷器和茶。丝绸、瓷器和茶是中国品牌的"老字号"，其中的故事数不胜数。

◎ 丝绸

中国是丝绸大国，历史悠久，辐射面广，丝绸贸易是中国文化的代表性符号。中国古代劳动人民发明并大规模生产丝绸制品，开启了世界史上第一次东西方大规模的商贸交流。从西汉起，中国的丝绸就被陆续运往国外，被世人所熟知。

下面，我们以两个遗址的出土文物为例来进行说明。

（1）敦煌马圈湾遗址。该遗址于1979年被发掘，不仅出土了1217枚汉简，还出土了343件其他遗物。各类纺织品共140件，其中丝织品114件，毛织品和麻织品各13件。丝织品主要有锦、罗、纱、绢等，比如湖绿色四经绞横罗。四经绞罗最早出现在商代，战国时出现了四经绞提花罗，汉唐时开始流行。但这件四经绞横罗却极具特色，孔疏目朗。组织结构的特殊点为在传统的四经绞罗中多织了二梭平绞，形成一个三梭横罗的横向条纹状效应，异常轻薄柔美；该罗织物呈现较浅的蓝色，接近湖色，经检测为靛青染料。

（2）敦煌悬泉置遗址。该遗址于1990—1992年被发掘，不仅出土了20000多枚汉简和其他遗物，还出土了大量纺织物。据初步统计，各类毛麻丝织品共有2306件，其中丝织品909件，占总数的39.41%；毛织品587件，占25.45%；麻织品810件，占35.12%。其中的一组汉代采绢中，有2件呈蓝色，1件呈红色，1件呈黄色，1件呈本色。有趣的是，通过比对发现，该织物的染料中含有小檗碱。小檗碱是天然黄色染料黄檗的主要色素成分，在紫外线照射下会呈现出绿色的荧光。

◎瓷器

瓷器是中华文明的瑰宝，是古代劳动人民的重要创造。

东汉之后，晶莹薄脆的瓷器出现在了中国。唐朝，西域的胡商通过丝绸之路不远万里来到中原，中原的瓷器等也通过丝绸之路传到西亚乃至欧洲。在往来贸易中，骆驼是最重要的沙漠交通工具，也是当时政治经济文化交流最重要的运输载体，唐三彩骆驼俑自然也就具有了强烈的文明特征。

除了骆驼，唐三彩中很多人物俑也是以西域胡人的形象塑造的。他们深目高鼻，头戴尖顶帽，身穿折领衣，牵着骆驼骏马，俨然一副商人的模样。有的胡人俑甚至还抱着西域乐器，边弹边唱。

唐三彩早在唐初就被输出国外，受到了异国人民的喜爱。在丝绸之路、地中海沿岸和西亚一些国家的考古挖掘现场，都曾挖掘出唐三彩的器物碎片，色彩斑斓、造型生动，使骆驼行走于丝绸之路上的景象生动再现。

宋代，丝绸之路的重心转移到了海上。宋元时期，我国运销海外的瓷器品种很多，几乎包括了当时所有的产品品种，比如，越窑青瓷、耀州窑系青瓷、龙泉窑系青瓷、定窑白瓷、景德镇青白瓷等，出口量很大。

宋代瓷器一般都被用作生活用品，除了陈设瓷外，很少被当成艺术品。而在国外，中国瓷器的观赏功能远大于实用功能，或被放置在橱柜中炫耀，或收入博物馆，瓷器变成了艺术品甚至奢侈品。

从埃及到伊拉克，从伊朗到中亚，都出现过中国瓷器。在奥斯曼帝国的托普卡帕王宫里，收藏着两万多件中国瓷器。藏品主要是青瓷和青花瓷，还有一定数量的色釉和彩绘瓷。

◎茶叶

在中原地区，茶文化占据着非常重要的地位。魏晋南北朝时，已经形成了饮茶的风气；隋朝，全民普遍饮茶；唐朝，茶业发展昌盛，茶水成了人们的日常饮用水，出现了茶馆、茶宴、茶会等，提倡客来敬茶；宋朝，开始流行斗茶、贡茶和赐茶等。

唐朝时，受到中原王朝的影响，北方游牧民族与西域等地的部落纷纷爱上了喝茶。茶叶以最快速度成为影响当地生活质量的必需品。

中原各地都加大了茶叶的推广力度，茶叶的产量大幅提升，茶成为中国人的"国饮"；几乎同时，中国茶也传到了亚洲其他国家，最典型的就是日本。

16世纪，随着大航海时代的到来，在与中国人的交往过程中，各国商人虽然也知道了中国茶，但并没有把茶当作像陶瓷、丝绸等一样的大宗贸易品，最终荷兰人后来居上，另辟蹊径，将茶从亚洲饮品变成欧洲饮品。随着欧洲人大量移民北美，欧洲人的饮茶文化也被移植到美洲。

中国品牌走出国门，辐射全世界

2005 年，党的十六届五中全会通过的《中共中央关于制定国民经济和社会发展第十一个五年规划的建议》，提出要"形成一批拥有自主知识产权和知名品牌、国际竞争力较强的优势企业"，进一步深化了品牌认知。

2007 年，党的十七大报告提出"加快培育我国的跨国公司和国际知名品牌"。跨国并购是我国自主品牌参与国际竞争的重要方式，不仅推动了国际品牌的市场重组，也为中国品牌的发展带来了重要契机，比如：2002 年，TCL 并购法国汤姆逊公司的彩电业务；2010 年，吉利并购沃尔沃；2013 年，双汇国际并购美国史密斯菲尔德。

◎华为

中国制造的产品随处可见，据英图博略（Interbrand）品牌咨询公司全球品牌排行榜数据显示，华为是第一个进入全球最佳品牌 100 强的中国品牌。

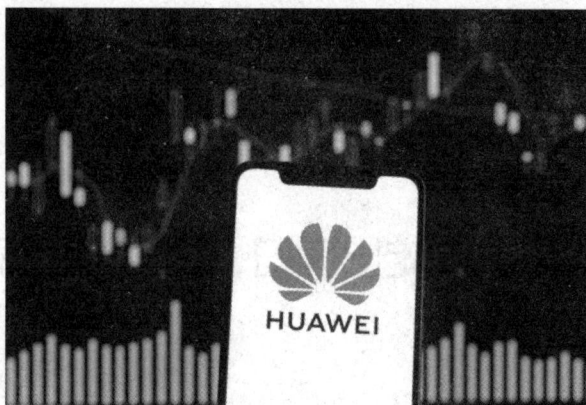

图 13-3　华为

在 2017 年 5 月 10 日的首个"中国品牌日"来临之际，新浪财经、新浪科技和微博联合发布了"网友心中知名中国品牌"评选结果，华为以421240 个投票数排名第一。

华为是一群工程师的企业，炒作、制造噱头不是它的强项。这样一家企业，拥有了现在的品牌知名度和美誉度，显然是厚积薄发的结果。

1. 聚焦研发，提高竞争力

华为成立的最初十几年，都把有限的精力和资源用在了技术积累和产品研发上，积累了雄厚的技术与产品实力，最终在市场竞争中拥有了话语权。因此，在电信业残酷的市场竞争中，华为才能生存下来，没有被知名国际企业击垮。

2. 占据国际市场，提升品牌影响力

在中国市场站稳脚跟后，华为把眼光转向了巨大的国际市场。靠着积累起来的技术、产品和良好的服务，以及"以用户为核心"的理念，一点点赢得了用户的青睐。如今，华为不仅是中国通信设备制造企业第一，在国际市场也占据着巨大的比重。

3.提高综合实力，让品牌长盛不衰

同样在手机领域，在"中华酷联"四大中国企业发展渐成规模的时候，华为意识到，完全依靠运营商渠道，凭大量的低端机，是无法建立起自己的品牌的，也不会得到消费者的认同。

于是，华为砍掉大量低端机，虽然市场份额一度跌出了前五，但华为将注意力集中在中高端产品上，在研发上投入巨资，不仅让 P6 实现了大突破，还让 Mate 7 实现了井喷式爆发。

◎青岛啤酒

2014 年底，北京钓鱼台国宾馆举行了"寻找具有世界影响力的中国品牌"颁奖盛典，以品牌价值、市场占有率、美誉度、创新力、忠诚度、知名度、中国元素等为评判依据，青岛啤酒荣登"最具世界影响力中国品牌"榜单，展示了骄人的风采和活力。

1.酿造好啤酒，打造高品质

青岛啤酒紧扣时代脉搏，积极创新，秉承"好人酿好酒"的原则，打造了可靠的品质，并出口 80 多个国家和地区，用高品质征服了全球消费者。之所以能做出这样的成绩，主要源于青岛啤酒在原料选择上，始终都在用"世界最好"的标准要求自己，世界各地的青啤爱好者都能尊享"全球品质如一"的好啤酒。

在国际市场上，青岛啤酒努力提升中国品牌在全球的竞争力和影响力，从原料筛选到酿造工艺，每一瓶啤酒都要经过 1800 多道严格检测。

2.积极创新，打造内生竞争力

创新是一个永恒的话题，企业要想获得长远发展，必须与时代互动；企业要想基业长青，就要拥抱变化、勇于创新。不论是新兴的科技型公司，还是传统的产业公司，创新思维都不可或缺。

近年来，青岛啤酒在营销、生产制造等领域不断强化创新，打造了令消费者尖叫的产品；并不断拓展品牌内涵和高度，与时俱进。

青岛啤酒研发了"鸿运当头""炫奇果啤""经典1903"，都得到了消费者的认可；他们积极拓展新销售渠道；首家进驻微信商城和亚马逊，首家开设社区酒吧；拓展"传统产品＋互联网"模式：原浆啤酒24小时内完成配送，赢得了消费者的信赖。

青岛啤酒还为年轻消费者搭建了一个"互动体验一起玩"的平台，增强了消费者黏性。

通过不断创新，青岛啤酒成功突破了"随着时间的延长而放缓脚步"的传统企业发展宿命，虽历经漫长的发展旅程，依然充满了创新的速度与激情。

作为一家传统啤酒企业，青岛啤酒用个性化、高端化、定制化的创新产品，演绎了百年青啤的新青春。

参考文献

［1］［德］沃尔夫冈·谢弗，J.P.库尔文 著．李逊楠 译．品牌思维：世界一线品牌的 7 大不败奥秘［M］．古吴轩出版社，2017.

［2］李婷 著．品牌营销 100 讲：基础强化与认知颠覆［M］．机械工业出版社，2022.

［3］［日］小山田育，［日］渡边瞳 著．朱梦蝶 译．品牌化设计：用设计提升商业价值应用的法则［M］．机械工业出版社，2022.

［4］官税冬 编著．品牌营销：新零售时代品牌运营［M］．化学工业出版社，2019.

［5］张文强，姜云鹭，韩智华 著．品牌营销实战：新品牌打造 + 营销方案制定 + 自传播力塑造［M］．清华大学出版社，2021.

［6］麦青 Mandy 著．品牌大渗透：解密品牌快速起步与持续增长的底层逻辑［M］．化学工业出版社，2022.

［7］黄彩霞 著．个人品牌：六大核心塑造影响力［M］．中华工商联合出版社，2023.

［8］刘国华，王祥伍 著 . 品牌原力［M］. 民主与建设出版社，2023.

［9］徐适 著 . 品牌设计法则［M］. 人民邮电出版社，2018.

［10］卢泰宏 著 . 品牌思想简史［M］. 机械工业出版社，2022.